U0910968

激活每个人才是好团队

打造强悍精英团队的管理法则

赵 伟◎著

台海出版社

图书在版编目（CIP）数据

激活每个人才是好团队 / 赵伟著. —北京：台海出版社，2018. 8

ISBN 978 - 7 - 5168 - 1992 - 0

Ⅰ. ①激… Ⅱ. ①赵… Ⅲ. ①企业管理 - 组织管理学 Ⅳ. ①F272. 9

中国版本图书馆 CIP 数据核字(2018)第 154570 号

激活每个人才是好团队

著　　者：赵　伟

责任编辑：王　萍　　装帧设计：天下书装

版式设计：天下书装　　责任印制：蔡　旭

出版发行：台海出版社

地　　址：北京市东城区景山东街 20 号　邮政编码：100009

电　　话：010 - 64041652(发行，邮购)

传　　真：010 - 84045799(总编室)

网　　址：www. taimeng. org. cn/thcbs/default. htm

E - mail：thcbs@ 126. com

经　　销：全国各地新华书店

印　　刷：三河市人民印务有限公司

本书如有破损、缺页、装订错误，请与本社联系调换

开　　本：880 × 1230　　1/32

字　　数：193 千字　　印　　张：9

版　　次：2018 年 8 月第 1 版　　印　　次：2018 年 8 月第 1 次印刷

书　　号：ISBN 978 - 7 - 5168 - 1992 - 0

定　　价：49. 00 元

PREFACE | 前 言

常言道："兵熊熊一个，将熊熊一窝。"在竞争愈演愈烈的今天，领导者的能力决定团队的上限，领导者的性格决定团队气质。我们来看国内赫赫有名的企业家名字：马云、王健林、任正非、柳传志、董明珠等等，这些著名企业家所在行业不同、性格也不尽相同，但是他们都有一个共同的特点——强势。

这些企业家做事永远雷厉风行，在团队里说一不二，定下规矩就必须执行到位。他们带领着自己的团队上下一心、纪律严明，进而"冲锋陷阵"。这就是强势领导力的体现。

娃哈哈董事长宗庆后说过："没有强势的领导，就做不成事情。"一个领导者如果没有权威注定无法支撑起自己的地位、梦想和团队。对于以追求效益为目标的企业来说，需要训练出一支精英队伍才能在激烈的市场竞争中脱颖而出。而适度的权威恰恰是能够带出精英下属的首要条件。法国政治家塔列朗说："我更害怕由 1 只狮子领导的 100 只羊，而不是由 1 只羊领导的 100 只狮子。"

企业管理中有这样一类"老好人"式领导，用情感维系团队，会全面听取下属的意见、抱怨，甚至会做出讨好下属的行为。但结果往往事与愿违，多数情况下，"老好人"领导的团队很快就会分崩离析，因为内部毫无纪律可言，毫无进取心可言，领导者没有威慑力，团队的凝聚力就越来越差，甚至完全不听领导者的指挥。

一个强势的领导人天生具有“领导相”，主要表现在：

1. 内心有强大的驱动力，有远大目标，并善于把目标传递给团队；

2. 有强烈的个人魅力，做事雷厉风行绝不拖沓，面对困难也毫不退缩；

3. 领袖气质突出，善用政治手腕掌控人心，用严厉纪律治理团队，同时又不乏对团队的温情；

4. 作风强势却不令人讨厌，不苟言笑，督促团队前进。

一个团队，只有领导者足够强势，下属才能自觉，团队才能有战斗力。领导者的强势实际上是一种对工作严格要求的态度，决不允许下属有任何松懈，使下属时时紧绷神经，认真对待每项工作。这样高度集中注意力的团队，才能在竞争中取得优势。而一个“老好人”领导，做不到让下属完全听其命令、指挥。接到任务，命令不被执行，下属盲目乱做，这样的团队又怎么能成功。

强势的领导者讲究纪律严明。柳传志定下迟到罚站的规定，公司元老迟到也要罚站，柳传志自己迟到也要罚站，任何人都不允许有任何特权。这就是强势领导者的作风，对违规实行零容忍，说到就必须要做到，违者就要受到严惩。没有制度很容易让员工得寸进尺，还找不到处罚他的依据。如果团队没有严明的纪律，那么，这样的团队也只能称之为乌合之众，根本不具备强有力的战斗力。因此，对于任何一个团队来说，必须制定强有力的规章制度来规范团队成员的行为，这也就我们所说的团队纪律。

强势领导者可以让庸才变成人才，更可以让不服管的人才变成良才。管理学上有“锯掉椅背”理论，意思是强势的领导者会锯掉下属的椅背，斩断下属舒适的工作环境，逼迫下属全身上下都运作起来。一般创业公司上下都会有很强的干劲，但是当公司稳定下来后，员工们的倦怠心理就产生了，不再斗志昂扬，做事开始变得拖沓。所以领导者有必要用强势的态度扫除这种懒惰的氛围，甚至有的领导者会用严厉的语言督促下属，推动下属前进。

领导者的强势不是横眉冷对、强硬生冷，而是体现在对下属思想和情感的有力掌控。强势的领导者内心强大，气场也强大，永远都是团队的核心，因此才会得到团队的信任和依赖，一个上行下效的团队必先从领导者的强势开始。

要想在商界立于不败之地，必须“狠”字当头，竞争的根本目的是超越对手，比别人更高，比别人更强！领导强则团队强，领导勇敢则团队勇敢，强势领导下的团队往往有强大的战斗力。本书列举数十名中外著名企业家管理案例，将强势领导行为分为十二章，逐个解析领导强势思维所在，又通过案例展示领导者是如何通过强势思维来带出精英团队的。

CONTENTS | 目 录

第1章 头狼型领导，强势带出有战斗力的团队

第2章 强势慧眼，精挑细选组建精英团队

第7章 敢于惩戒，让下属既怕你又服你

第8章 狠治“刺头”，要团队协作不要个人英雄

第9章 雷厉风行，形成团队的快速反应机制

第10章 身先士卒，振臂一呼应者云集

第11章 目标必达，攻坚克难引爆团队潜能量

第12章 该淘汰绝不手软，流水不腐有活力

第 1 章

头狼型领导，强势带出有战斗力的团队

Everybody should
be activited in a
good team

1. 华为“头狼”任正非——打造华为的狼性团队

“狼性管理”是华为的招牌管理模式。

华为董事长任正非以其性格的强势著称，很少在人前显露细腻柔情的一面。圈里有一个形象的比喻：如果中兴为南帝，那么华为就是彻头彻尾的东邪黄药师——儒雅、淡泊、低调，却丝毫无碍杀气腾腾。

任正非是出了名的脾气大，爱发火的“怪咖”。据说他骂公司高层干部也丝毫不给面子，副总裁纪平就被他当面训斥并直接把她的报告摔到地上。甚至连自己的女儿也不例外，曾发内部信怒斥女儿分管的财经团队：“据我所知，这不是一个偶然的事件，不知从何时起，财务忘了自己的本职是为业务服务、为作战服务，什么时候变成了颐指气使，皮之不存、毛将焉附。”

狼具有敏锐的嗅觉、群居的特性、个体不屈不挠奋斗的精神。将狼的性格融入管理文化能够让企业战斗力大幅提升，因此，任正非认为，做企业就是要培养出一批“狼”。因此，华为能够成为中国民企的标杆，仅仅用了10年时间就从起步几万元扩张到千万倍的资产。

在著名的《华为的冬天》一文中，任正非正式把华为的“狼性文化”定义为“偏执的危机感、拼命精神、平等、直言不讳、压强原则等”。他认为狼性团队就是以奋斗者为本，要比别人奋斗的更多。

在华为创立初期，这种奋不顾身的狼性拼搏精神被发挥到极致。那时，华为新员工刚进入公司时，总务处会免费为他们配发一床毛巾被、一张床垫。很多科研人员就住在了实验室，舍弃假期，不分白天黑夜，都自觉地拼命工作。

这就是被业内称道的华为“垫子文化”。直到今天为止，在华为公司每个工位下面都还放着一个床垫。华为公司创始人任正非在接受采访时说“华为能够走到今天，在很多人眼里看来规模已经很大了、成功了。有人认为创业时期形成的‘垫子文化’、奋斗文化已经不合适了，可以放松一些，可以按部就班，这是危险的”。任正非还表示：“我们还必须长期坚持艰苦奋斗，否则就会走向消亡。”

任正非曾说：“很多人问我，来华为工作有没有双休？需不需要加班？对他们，我只是笑，然后客气地请他们离开了公司。欲求安逸，为何还要出来工作？直接窝在家里不就七休了吗？若要图强，怎能贪图悠闲舒适？没有拼命的干劲怎能有精彩的结果？人，如果不趁年轻多努力，你有青春又有何用!”

在华为内部，有一套适用于所有人并且极其严格的干部考核制度。一个普通员工想要在华为获得更好的职位和薪酬，不仅需要你技术过硬，能够撑得起所在部门的半边天，还要看你有没有奋斗意志，看你有没有干劲。华为每年都会对所有人进行评估，对于没有干劲的干部，华为将其拿下从来不会心软，更不会手软。

任正非认为，合格的管理者需要具备强烈的进取精神与敬业精神，没有干劲的人是没有资格进入高层的。这里不仅仅是指个人的进取精神，更是自己所带领的团队的进取与敬业精神。华为公司永远要充满活力，永远不允许有自满自足的情绪在公司萌芽。

华为消费者 BG 集团首席执行官余承东在一次会议上表示：“目前市场竞争愈来愈激烈，产品差异化愈来愈小，价格竞争也到了低谷。那么如何领先竞争者，使客户更忠诚于我们呢？我们要塑造员工，使其成为企业的竞争优势。这既是可以做到的，又是别人无法立即模仿的。我深信干劲十足的人员会使你的企业取得更大成就。”

就算商界再怎么鼓吹说狼性文化已经过时，但任正非始终认为狼是企业学习的榜样，“狼性”永远不会过时。这也得到了华为上下大多数人的认同。一名华为内部员工说：“华为发展的历史，其实就是一部不断从虎口夺食的历史，他面对的是老虎，所以每时每刻不能懈怠。”此乃典型的狼性危机感，并因此创造出强大的团队执行力。

管理的本质不在于知，而在于行！华为团队有着一流的执行力，充满狼性，定下的目标一定在时限内完成，甚至是超额完成。一家具有强大执行力的企业，必定有德高望重的灵魂人物。华为的灵魂人物，则正是低调的任正非。

管理者就像战场上的将军一样，不能让士兵服从的将军，打不了胜战。但服从并不是喊出来的，也不是靠压制得来的，靠的是领导者的人格魅力。华为的执行力，得益于它是一个利益共同体。假设任正非“吝啬”一点，他的身价早就成百上千亿了。但他没有这样做，其在公司持有股份仅 1.42%，把剩下的股份，分配给为华为奋斗的全体员工。任正非的慷慨，将华为打造成一个利益共同体，构筑起了华为人“胜则举杯相庆，败则拼死相护”的精神基石。

很多民营企业的财富，多为创始人等少数几个人所有，大部分员工成了奉献者。华为的财富却是全体员工共同所有，它是一个同甘共苦的团队。这样，华为的内耗少了，执行力强了。这正是狼群的分配制度，头狼带领团队冲锋陷阵并掌握一定特权，但最终所有狼群都能同分猎物。

华为在贯彻执行力的时候只有一个原则：万众一心，其利断金。方法、手段只是一种形式，重要的是统一员工的思想，使上下级之间相互认同，达至共赢。

在任正非的带领下，华为将狼性文化融入到了企业运营和日常管理中。在华为，每个成员都必须清楚知晓个人和团队的共同目标，明确其角色定位和在组织中的作用。在各自的专业领域保持敏锐的洞察力和前瞻思考，分工合作，相互照应，以快速敏捷的运作有效地发挥角色所赋予的最大潜能，从而推动整个企业系统的快速和高效运转。

2. 格力“头狼”董明珠——管理不狠，团队不稳

说起董明珠，多少人自然而然就联想到强势的形象。尽管董明珠是女性，但其强势的作风甚至碾压一票男人。董明珠说过：“管理不狠，团队不稳。管理干部是风，员工是草，风往哪吹，草往哪飘。所以没有不好的员工，只有不好的管理干部。”

提起董明珠，竞争对手们是这样形容她的：“董姐走过的路，都长不出草来。”董明珠为了治理公司纪律，绝不允许女员工戴耳

环、戴项链、留长发，必须都留短发。董明珠要求各个部门的团队作风要统一，不能“一盘散沙”。

董明珠对企业强势，对自己更加强势。董明珠曾透露三件对自己狠的故事：第一件是自己年少时学习游泳差点淹死，却从此立下决心必须学会游泳；第二件事是学习骑自行车也差点出事，董明珠跌倒了爬起来扛起车就跑，因为害怕丢人；最后一件事是董明珠从来不接送孩子上学，从小到大就让孩子自己坐公交车上下学，而且还只能做 1 元的无空调公交车。并不是董明珠“抠门”，而是她要磨炼自己孩子吃苦耐劳的精神。她的孩子至今仍在外面给别的公司打工，拿着 5000 元的工资。

有人用“苦难辉煌”来形容董明珠的人生。的确，董明珠前半生平淡无奇，在她 32 岁的时候却遭受丧夫之痛。她不得不拉扯年幼的儿子，含辛茹苦地生活。尽管生活已经如此的艰难，但是她却没有怨天尤人，她说：“要别人的同情是没有意义的。”

董明珠敢打敢闯的性格让她毅然决定辞职下海，来到了格力上班。她在格力期间没日没夜地工作，基本上没休过年假。用拼劲和智慧一步步往上走，她做企业也像对待生活一样，一往无前，绝不后退。董明珠的坚韧让她的强悍更具持久性，迅速成长为格力耀眼的明星销售员。1994 年，格力董事长朱江洪一纸调令将董明珠召回总部，将公司核心的经营部交给她，拯救濒危的格力。这一年，董明珠 40 岁。在她强势带领下，格力谷底反弹，1995 年销售额飙升到了 28 个亿。

董明珠女强人一面在商界得到称赞。当时中国零售批发行业普遍存在拖欠贷款的现象，很多经销商让厂家头疼不已。初次接手的董明珠不到一年就把该问题解决了，办法也很简单直接，也很霸道：凡拖欠货款的经销商一律停止发货，补足款后，先交钱再提货。

这样的决定不是没人做过，可是都架不住各大经销商们的阻拦而告败。董明珠刚把命令发下去，无数个经销商就联名向格力老总朱江洪告状，甚至有人还表示："有董明珠没我。"董明珠针锋相对地回复说："那就有我没他。"朱江洪劝董明珠："是不是可以补完款，先发货再收钱?"董明珠微微一笑说："好啊。"结果款一到账，货却把住不发。董明珠说："要货？先拿钱来。"董明珠振振有词："就算别人全这样，我格力也偏偏不。"董明珠的原则就是欠款这堵破墙一定要倒。董明珠的强硬带来的效果是：1997 年、1998 年格力没有 l 分钱的应收账款，也没有 1 分钱的三角债。

国美电器是第一个领教董明珠强势的企业，2004 年国美电器如日中天，树大业大的国美成都某家店在未获得格力同意的情况下，擅自降价。董明珠当即停止与国美电器的供货合作，国美电器老总表示最崇高的无奈，董明珠丝毫不受影响，"无奈也不妥协"。

董明珠的强势不仅仅在商界，在企业纪律上更为严格。董明珠的亲哥哥求她给托关系的经销商走走后门，但她不讲半点情面，"无情"地驳了哥哥的面子。哥哥在此后的十年里都没跟她联系过。尽管事后为此很难过，但她表示自己并不后悔。

2008 年的一天，董明珠接到了一个老朋友的电话，他希望能够重返格力。这个人此前供职格力期间，发明众多，后被竞争者以重金挖走。然而，他得到的却是董明珠强硬的拒绝。

在格力，有一条不成文的规定：如果从格力离开，就永远不要指望再被接纳；另一方面，只要是从同行其他企业出来的，无论多能干，原则上不收留。董明珠说："不是说别人不优秀，但如果仅靠别人培养人才，本身就是一个贪婪的行为。"

董明珠的个人原则不接受任何的"灰色地带"，要么是黑色，要么是白色。这就自然杜绝了公司内部的暗箱操作、拉帮结派等不正之风。在格力公司行贿受贿的话一律辞退，甚至会交给司法机关处理，不留情面。她的这种强硬风格深深地影响着格力的公司文化，规范并呵护着董明珠手下的团队。

有人曾质疑董明珠霸道强悍、"六亲不认"。但这就是董明珠，没有强硬的风格，若像其他女性那样温柔懦弱，怎么可能带领格力走向成功？没有强硬的风格，董明珠或许早早被残酷厮杀的商界伤得体无完肤。

3. 巨人"头狼"史玉柱——失败也不离不弃的团队

史玉柱能够沉浮商海几十年，历经重大惨败，却也创造了奇迹般的辉煌，背后的团队功不可没。很多人好奇像史玉柱如此强势又"独裁"的一个人，他的团队为何还能二十多年都不离不弃，始终支持他，在他欠债几亿时陪他蛰伏，直到东山再起。

1991 年，史玉柱做的巨人汉卡全国销量第一，史玉柱和巨人几乎在一夜之间成了全国明星，无数闪光灯对准史玉柱。巨人集团越做越大，资本超过 1 亿元。野心家史玉柱并不想止步于当前的成就，一心想要在房地产业也大显身手，打算建一座巨人大厦，就此拉开巨人多元化业务方向的时代。

起初巨人大厦打算建 18 层，后来觉得应该再大一点，就改为

38 层，又觉得不如做成全国第一高楼，就改成了 70 层，预算也水涨船高增加到 12 亿。史玉柱用买楼花的方式吸引投资，由于巨人同时在做生物工程，史玉柱先用开发巨人大厦卖楼花的钱投入生物工程，再用生物工程产生的利润后过来支持巨人大厦。但是，实际的运作出现了偏差，由于巨人大厦预算不断上升，史玉柱不得不暂停生物工程注资，反而不断从生物工程中抽资去支撑巨人大厦，活钱变成了死钱，结果是巨人大厦没能撑起，同时赔进了生物工程。

1997 年，巨人大厦停工，购楼花者天天上门追要退款，史玉柱从中国首富变成了中国首负，欠债一亿多元。随后史玉柱召开发布会，表示欠账还钱。被外界几乎所有人看衰的史玉柱从头来过，竟然创造了脑白金奇迹，不仅还上了债务同时也再次成为大陆富豪榜单中的一位。

陈国、费拥军、刘伟和程晨被称为史玉柱的“四个火枪手”。史玉柱在二次创业初期，但这四人始终不离不弃，很长一段时间没领到一分钱工资，一直追随左右。

脑白金 2001 年销量突破了 13 亿，史玉柱随即授权大学时睡在他上铺、时任上海健特总经理的陈国打理日常事务。第二年，陈国不幸发生车祸离世。正在兰州开会的史玉柱听到噩耗悲痛万分，旋即连夜坐飞机回到上海，嘱咐把公司所有业务都停掉，以便处理陈国的后事。史玉柱表示当时感受到一种“断臂之痛”。从此，史玉柱对车要求很高，“坐 SUV 为主，另外加了一条规定，干部离开上海禁止自己驾车”，他和公司高层每年清明都要去给陈国扫墓。

陈国去世后，史玉柱并没有重新接管脑白金，而是把担子交给了团队里另外一个人刘伟。刘伟这个名字很男性化，实际上她是个女性，她是个性要强、雷厉风行的人。史玉柱这样评价刘伟：“刘伟做上海健特副总，她分管那一块，花钱就是比别人少很多。跟了我十几年，没在经济上犯过一回错，我自然非常相信她。”刘伟表示，自己虽然能叫出这三百多个县、市、省办事处经理的名字，但具体管理还需要史玉柱提供思想和方法。

史玉柱的团队从未停止过发展和吸纳各种优秀的人才，纪学锋就是史玉柱在成立征途公司时挖来的骨干之一。当时史玉柱对于团队的看法是：“公司各方面都很开明公平，只要有实力，就会有机会。在管理上不会拘泥于太多的规则，大家做事的时候拼命做，小事则不拘泥于细节，整个过程能够让人实现个人价值。很多企业包括外企规则管理，但把人管得太死。”

巨人大厦失败后，怎样维系团队的奋斗向上、保证企业的向前发展，史玉柱做了新的思考：不定目标，缜密论证，步步推进，一咬到底。这一习惯，贯穿了征途两年多的发展轨迹。

征途初期，史玉柱运用军事化管理，对所有人都极为严格，后来史玉柱逐渐明白：“大多数员工的使命是打工挣钱，养家糊口。虽然军人有对国家和民族的义务，但员工没有对老板效忠的义务。”

随后史玉柱采取鞭策和奖励并施的策略，有时甚至使用着极端的管理方式，带来了良好的化学效应。脑白金战役时，员工们疯狂地工作、疯狂地加班，没有人心生怨言，史玉柱经常会在员工加班的时候动不动就发上几千元的奖金，让人惊喜不已。

巨人公司只有一个考核标准，就是量化的结果，以结果论英雄，造就了一个强有力的队伍。不过，如何在保证结果的同时，保证管理的人性化，史玉柱的一个管理思路就是：制度无情，人有情。

“老板是刀子嘴豆腐心，骂人归骂人，不会夹杂其他。并且，老板做错了也会自我检讨。”这是巨人公司员工对他的评价。

在用人方面，史玉柱“坚决不用空降兵，只提拔内部系统培养的人”，陈国、刘伟、费拥军、程晨都是从他创业时就跟过来的元老级人物。史玉柱认为给他 5 年时间，就能看出一个人的德性，并坚信“需要充分信任的人不用多，四五个就够了”。

正因为他恩威并施，任人唯贤，才培养出团队的不离不弃，这给史玉柱很大的支持。与史玉柱一起爬过珠峰的费拥军，说起追随多年的理由，用的是“亲情”一词。他们对史玉柱的信任让外人匪夷所思，在公司财务困难的时候，程晨甚至会从家里借来钱援助史玉柱。

史玉柱的团队在他辉煌时不争不抢，落败时不离不弃，如同卧薪尝胆的越王勾践其背后之范蠡等良臣，是史玉柱能东山再起的最大力量。

4. 阿里“头狼”马云——永不言败的团队

现在回头去看阿里巴巴保存的一段录像，会觉得很有意思。录像记录的是 1999 年春阿里巴巴刚成立时，在杭州湖畔花园马云家，马云妻子、同事、学生、朋友共 18 个人围着马云，听他慷慨陈词：“从现在起，我们要做一件伟大的事情。我们的 B2B 将为互联网服务模式带来一次革命！”

后来这 18 个人被称为阿里巴巴的“十八罗汉”。那时候是中国互联网的第一波高峰期，从业人员月收入上万是很有可能的。而

“十八罗汉”月薪却只有500，挤在马云的公寓里办公，出门不敢打车，经常加班，就这样逐渐产生了强大的凝聚力。

这是马云第二次创业，第一次是1995年创办中国黄页，后被收购。随后马云率领“十八罗汉”赴北京寻找机会，结果却发现没有立足之地。返回杭州前，马云把所有人召集过来，给他们两个选择：一是推荐他们到YAHOO工作，以他们的工作经验留在北京，收入足以让人羡慕；另外一个选择就是跟他一起回杭州打天下，但是马云不能向他们承诺一个美好的未来，他可以承诺的只是500元的薪水和一起创业的艰辛。马云让大家考虑一个晚上。而众人出去以后，不到五分钟就集体返回，没有一个人愿意留在北京，大家异口同声地说：“我们一起回去吧。”

在北京最后几天，大冬天下着雪，他们就在小酒馆里一边喝酒一边唱歌，唱《真心英雄》。第二天又爬了长城，在长城上热泪盈眶，马云大手一挥：回杭州！他的团队又跟着他回到杭州。随后创立了阿里巴巴，个个干劲十足，工资几个月都发不出来也没关系，因为他们认为自己在做着一项伟大的事业。

马云曾说：“谁也不知道未来是什么，这个时候你可以去找一份收入不错的工作，但很可能你几年后还得换地方。现在我们用一支团队的力量在这片江湖里拼杀，十几个人在一起还有什么可怕的，拿着大刀片子往前冲即可。”财经作家郑作时为此感慨：“这一团队和马云之间建立了超越利益之上的联系，既然几万元的月薪都可以放弃，那还有什么力量可以让他们分开。”

马云带领团队的特点在于特别能“打仗”，更重要的是如何化解团队成员之间的矛盾，2000年，阿里巴巴拿到几百万美元的风投，马云就把总部从湖畔花园拥挤的民居搬到了宽敞的办公楼。既然有了办公楼，就得建立起正儿八经的办公体系，什么经理、副经理自然得有人担任。也正因为此，团队内部开始有人心里不平衡了。

在18个创始人中，第一批提干的有三人：孙彤宇、张英和彭蕾，职务都是部门经理。本来大家都是平等的关系，领导者只有马云一个，突然的改变让人有些不适应。

一天晚上，除了马云、孙彤宇、张英、彭蕾之外的十几个创始人来到一家名为名流的咖啡馆聚餐。大家开始说好不谈工作只叙旧，但谈着谈着就说到公司说到工作，所有的不解、疑惑和怨气都发泄出来了，一直谈到半夜。团队里的老大哥楼文胜首先倡议："说了这么多，屁股一拍就走，于事无补，我们应该写出来送给马云。"大家纷纷响应。于是由楼文胜执笔，大伙儿补充，整整写了一大张纸。

这封长信送到了马云那里，第二天马云把所有人召集在一起，马云说："今天大家不用回去了，既然你们有那么多怨恨，很多人有委屈，现在当事人都在，都说出来，一个个骂过来，想哭就哭，所有都摊在桌面上，不谈完别走！"

那天的会从晚上9点开到凌晨5点多。那是一次彻底的宣泄，也是一次彻底的灵魂洗礼。会上许多人情绪激动，许多人痛哭失声。整整一夜，这些跟随马云浴血奋战了少则两年多则5年的老战友，吵过、喊过、哭过之后，一切疑虑都已消散，一切误解都已消除，又燃起了对未来的希望和对团队的热爱。

马云的团队成功在于敢于自己面对矛盾，能把矛盾及时解决，还能用团队去吸引人才，蔡崇信就是这样加入马云团队的。在阿里巴巴刚起步时，吸引了一些国际投资集团的注意，包括蔡崇信供职的 InvestAB 集团。当时的蔡崇信任该公司香港区的副总裁，因为工作关系，他需要到阿里巴巴公司探个究竟，看是否值得投资。

马云对他谈了自己对于电子商务的看法，说自己要做全球最大的 B2B 网站的“芝麻开门”梦想，并且邀蔡崇信到阿里巴巴的所在地——也就是自己的家中进行实地考察。蔡崇信见到了令他震惊的一幕：一个四居室中，居然有 20 多个人在工作，地板上还扔着床单等杂乱的东西，工作环境和条件简陋至极。然而从员工的表情中，他却找不到一点埋怨，分明看到愉悦的心情，看到他们对于阿里巴巴的热爱。

没过多久，蔡崇信又来到杭州找马云，但是这次他没有和马云谈投资的事情，而是对马云带着“十八罗汉”打天下的故事十分感兴趣。这样的团队氛围深深吸引了蔡崇信，他请求加入当时还处在成长期的阿里巴巴，这一举动令马云都十分吃惊。就这样，蔡崇信辞掉了在 InvestAB 的工作，正式入盟阿里巴巴，由一个年收入达几十万的高级经理人变成了一个月只有 500 元工资的阿里巴巴人。

这样能吃苦、不离不弃的团队取得成功是理所应当的事，而正是由于马云善于捏合团队，消除团队矛盾，才把团队打造成具有默契的一群人，在最困难的时候发挥出团队的实力，成就一番事业。

5. 京东“头狼”刘强东——自上而下唤醒团队战斗力

2014 年，京东在纳斯达克上市，市值一度超过 300 亿美元，这辉煌的背后是刘强东多年的坚持与隐忍，带领他的团队不断攻城拔寨。

京东的投资人是这样描述刘强东的："刘强东的确是很强势，我认识他八年了，但搞零售的老板没有不强势的。我看过亚马逊创始人的传记，你看贝索斯多强势？像架构调整这种事，刘强东就完全不需要我们同意，人事权就应该由CEO做决定。"

刘强东被人称为"破坏性入侵者"，因为刘强东总是挑战现有市场规则，跟所有现有权威做竞争对手。与传统零售巨头国美、苏宁正面交锋；涉足图书业务，与当当网展开价格大战；建立开放平台，直接挑战阿里巴巴……

京东的起步可以说因祸得福，2003年"非典"肆虐，刘强东暂时关闭12个连锁店，短短21天，亏损800多万。为寻找出路，有员工建议在互联网上售卖光盘，不得已而为之的京东于是尝试了互联网交易，第一笔来自网上的订单金额为98元，谁也不曾想到之后的交易额会破千、破万、破亿。2005年中，一步步发展壮大的京东关闭所有线下连锁店，专注于电商。而同年，国美新增280家连锁店，总店数430家。苏宁新增180家，总店数280家。

2005年开始，电商迎来春天，京东的营业额也越来越好，但是压力也越来越大。2009年，时任麦德龙中国北方区总经理张守川来到京东办公室见刘强东，当他看到办公桌上贴满的标语（如"只争第一，不做第二！""战斗！战斗！战斗！"等）时，深深地感受到刘强东的野心和魄力。离开时他这样评价刘强东道："刘强东有雄心，他的期望值很高。"正是这一年，京东已成中国自主经营B2C老大，销售额38亿元。

刘强东外表儒雅，但内心是一个极为讲原则的人。创业14年，只要他在北京，每天早晨8点半的晨会，他必定出席。刘强东过去常常要请基层员工喝酒，总是很尽情地喝醉，但是无论喝多少第二天的晨会永远都是第一个到达。这一简单的行动，却能给团队很大的激励，员工们想迟到前就要想想，老板喝那么多酒都能到那么早，自己有什么理由拖沓。

刘强东的这种性格很早就体现出来了。1992年，刘强东怀揣500元来到中国人民大学读书，决定不再向父母要一分钱。当时国家每月发97元生活费，他做家教、推销图书、卖电脑，一个月能赚几百元，食堂的伙食一顿大概是1.5元。1996年春节期间，从腊月二十八日起到大年初一，他身上只剩一块四毛钱。大年初一那天，他冒着大雪去朋友处解决肚子问题，从人民大学步行七八公里到北京体育大学，吃了两顿饭后又步行回宿舍。刘强东完全可以找父母要钱，但是他认为已经决定不要，那就不能随随便便屈服，就要坚持到底。

在企业管理上也能看到刘强东的这种性格的影子。比如刘强东发现自己的经理做错了，他会当着所有人的面来批评这位经理，从来不顾忌情面。对于触犯自己价值观的事，更是零容忍，例如吃回扣的事。除此之外，刘强东不能容忍公司内部出现小团体。

刘强东是一种权威型领导，不仅是对自己的员工，对于投资人也是十分强势。2008年，赛富亚洲创始合伙人阎炎和刘强东见面，阎焱希望不和别的基金合投，再融资的时候不能稀释他们的股份，他们必须跟投，并且要两个董事席位。如果这样，刘强东就只有两个席位。刘强东就坚持不达成合作，现在刘强东在京东董事会的9个席位中拥有5个，投资者拥有4个。

刘强东的一句话就是："战略上的问题，要么你说服我，要么我说服你。如果不行，就按照游戏规则，投票表决。"他要始终保持对企业的控制权，京东这个名字只要叫一天，那就是刘强东的企业。

巨大的压力也会让刘强东去寻找减压的方式，刘强东每年都会开车进行沙漠越野，过程长达十多天，他把心静下来，释放全部的压力。在这期间，他接不到来自高管的电话，没有互联网，没有手机信号，也没有城市的喧嚣，只有满天的黄沙。刘强东在内蒙古科尔沁沙漠，汽车轮子陷入沙里。五六个人花了两个多小时，硬生生地把车轮从沙里挖出来。刘强东表示这改变了他对团队的认识。

上行下效，刘强东的团队的执行力也是极强的，做任何事都好像行军打仗一样利落。早上开会从 9 点钟开到下午 6 点钟，会开完也没人走，全都去 PPT 大屏幕那里把会议谈到的几十个点全部记在笔记本上。

在刘强东的指挥下，京东不停地攻城略地，成为中国 B2C 电子商务数一数二的品牌，刘强东强势的眼里只有目标，每个月的经营沟通会只谈业绩。

刘强东说："互联网还是丛林法则，我们可以不主动攻击别人，但是还击的能力不能丢失，必须要还击。"这是为了避免京东在上市后陷入士气不振的倦怠期，我们都知道国内电商领域厮杀非常厉害，尽管京东的成绩已经非常好，但是和巨头阿里巴巴比起来还是有一定差距。刘强东的目标就是要不断地赶超，并把京东打造成国际电子商务品牌。

6. 海尔“头狼”张瑞敏——强势文化铸造强势团队

海尔掌门人张瑞敏致力于把企业文化渗透进海尔的方方面面。而从张瑞敏挥舞铁锤砸碎 73 台劣质冰箱起，强硬的作风就深深地刻进了海尔文化里。

1997 年，海尔集团兼并了国营黄山电视机厂，刚被并入的电视机厂老员工根本不适应海尔严格的管理，工人们组成了罢工队伍，对生产影响很大。张瑞敏看到这种情况，直截了当地告诉员工：“现在不是你们愿不愿意干的问题，而是我让不让你们干的问题。”张瑞敏下令无限期停产整顿。无论工人多么闹，张瑞敏都不作理会，拖下去工人们一分钱工资都捞不着。两天之后大家明白这个新来的头惹不起，反而自己丢了饭碗，纷纷归队开始生产了。

张瑞敏没有去找黄山电视机厂的高层想办法，更没有对员工妥协，他走了一步无限期停产的险棋，他让员工们明白，一定要对海尔的管理心服口服，没有借口。而那些尽心尽力工作的员工，张瑞敏又好生对待，正反典型同时树立。所以不管工人如何无理取闹，张瑞敏也绝不害怕。

现在，海尔家电打入国际市场，在世界舞台上展现着中国制造的风采。和全世界多数的大企业一样，海尔也经历过“大企业病”的阵痛——在组织发展到一定阶段必须要进行调整才能够轻装上阵，继续向前走去。

2013 年，张瑞敏开始推行对海尔的裁员改革，强硬地裁掉了

1.6万名员工，这还不够，张瑞敏还要清理公司的中层管理者，打消人多臃肿的弊端。

一名离职老员工表示，海尔内部的机制向来都是比较封闭的，部分中高层思维比较固化，缺乏开放、创新、先进的国际视野，在企业转型的阶段，中高层的不适应性显露得较为明显。

张瑞敏说："我们也是思考了很多年，做了很多准备工作，去年才开始做。今年预计还要减少一万。外面很多人议论，太不可思议了，太危险。但是解析来看，这件事必须做，而且这个裁员数一点不算多。"

海尔的内部为此建立了严格的考核体系，一个横轴，一个纵轴，横轴是对企业销售收入、利润、市场份额等考核，纵轴是"网络价值"，即互联网用户的数量。"纵轴的考核不仅是海尔中高层面临的瓶颈，也是海尔的难题。"海尔正在慢慢淘汰一批不与互联网思维接轨，或者跟不上海尔转型步伐的员工。

这其中不乏一批与张瑞敏一起打江山的元老。在海尔待了近20个年头，海尔内部四驾马车之一的海尔集团原高级副总裁、青岛海尔原董事、副总经理柴永森也最终另谋高就。青岛海尔原董事喻子达、曹春华自2013年4月份起也不再留任青岛海尔董事会。而据此前媒体报道，海尔中国区总经理靖长春有意辞职，海尔中高层的辞职人数已超过100人。

1995年张瑞敏获"中国经营大师"称号；1997年荣获《亚洲周刊》颁发的"1997年度企业家成就奖"；1998年3月25日，张瑞敏成为中国第一个登上哈佛讲坛的企业家；1997年12月7日，英国《金融时报》公布了"全球30位最受尊重的企业家"排名，海尔集团总裁张瑞敏名列第26位，这是目前中国企业家在世界范围内获得的最有影响的美誉。张瑞敏所获荣誉无数，但是他最在乎的还是海尔的发展状况。

传统制造业的海尔仍在转型，几十年前张瑞敏接手这家持续亏损的小冰箱厂，谁也不曾想之后会做成全球知名家电，相信张瑞敏会在不久的未来带领海尔度过阵痛期，走向更高的辉煌。

7. 360“头狼”周鸿祎——被“逼”出来的优秀团队

周鸿祎鲜明的个性和其引发的争议，互联网界无出其右。他最广为人知的外号是“红衣教主”，一方面因为红色T恤是他的“标配”，更重要的是他给人留下的“苛刻”印象。自从担任奇酷公司CEO后，这种苛刻似乎变得“变本加厉”！

2014年，360与酷派合作最终敲定。周鸿祎出任酷派360合资公司CEO。酷派从360获得了近乎无限的资源，但代价是必须应对周鸿祎近乎苛刻的管理。他的要求很多，比如，手机的边框应该做到最窄，不希望手机的外壳是玻璃或者塑料，因为那看起来毫无质感。他甚至要求电池应该达到4000毫安，重度使用可达两天，但同时又要保证手机的纤薄。他还责备最初设计出的带有凹凸圆点的手机后壳，在办公室里发火：“我不知道这是不是就是运营商的审美品位?”

周鸿祎的苛刻差点把手机团队的人逼疯。他曾当着自己的团队赞扬别人家的手机：“一加手机后壳叫婴儿肌肤，摸起来非常光润。

女同志肯定怕磨手，男的摸起来要有肌肤的感觉，这是人性。”

这天，奇酷公司总裁李旺和负责手机ID设计的工作人员，在望京360办公总部的会议室面见周鸿祎，这已经是第十次讨论手机工业设计的模板了。当李旺把刚出炉的手机产品递给周鸿祎，周鸿祎说：“那个金属外壳的切线位置太明显，应该藏到用户看不到的地方去。”

周鸿祎向来脾气火爆，他认为，当各种观点和看法互相碰撞，真理自然会浮现。所以，360的公司文化以当面争执而闻名，接下来自然是一场激烈的争论。

李旺及设计人员认为，目前改变切线位置根本不现实，因为这意味着手机内部天线的安排也要随之变化。他们还指出，这种变化在一定程度上会增加成本。

周鸿祎则毫不在意，他坚持认为产品的颜值以及解决用户痛点是目前的首要矛盾，而不是成本。他说：“你给我一个最好的方案，2000块钱做不下来没关系，我们做3000块钱的。”

这之后上演了一场360、酷派和乐视之间的“三角虐恋”，当时有一位作者发了一篇文章说“乐视6月份将宣布全面收购酷派，这预示着周鸿祎将完全放弃手机业务！”脾气火爆的周鸿祎可不能忍，他当时没少在朋友圈发狠话。

我们都知道，手机市场现状已然是一片血海，周鸿祎进入手机市场算是比较晚的，而这不仅仅对于他本人、对于他背后的团队来说都是极具挑战性的。但他有足够的决心，他率领360手机团队人员入驻深圳，并给在场员工“打鸡血”称：“跟着我老周干有肉吃，如果几年以后大家还租房住，那就是我的耻辱！”周鸿祎还讲述了其360“海豹突击队计划”，声称“要做就要做最好的手机”。

他曾在朋友圈里发了这样一条消息：“我这个人从来不说大话空话不吹牛，我说了的事情一定会做，不惜代价，不计成本，宁可玉碎，同归于尽。”

2016年4月18日，周鸿祎向360手机员工发布内部信称，经过一系列的股权调整，360手机团队告别了动荡，走向了发展正轨，并要努力三年内把公司做上市。

周鸿祎的强势虽然让团队不满，但也逼出了他们的潜力。这种强势也并不是后来才有的，

周鸿祎在一进入雅虎中国就表现如此，第一次全员大会就让所有员工见识到了“红衣大炮”的威力。当时，周鸿祎在上面讲话，下面就有的员工用雅虎通聊天，收发邮件。周鸿祎要求大家开完会再聊天，员工却不以为然，周鸿祎马上强制要求所有人必须关掉电脑，“中国的文化就是该干什么就干什么，谁再不关电脑，我请人将电脑从窗户中扔出去。”

管理文化的冲突，第一次爆发了，但这种丁丁卯卯的管理风格很适合喜欢按规矩办事的年轻人。随后雅虎中国团队从当初的40余人，到合并后的200人，再到周鸿祎离任前的近600人，团队的规模不断扩大。后期回忆当时的经历，对于团队和文化上的冲突，周鸿祎并未回避，也坦然承认这个过程并不轻松。

周鸿祎在给管理大师费洛迪先生《合伙人》一书所做序言中写道：“创业就是一场马拉松式的接力赛，是一个长期、艰苦的过程，没个七八年达不到目标；同时又要求你必须以百米冲刺的速度去竞

争。这一切都需要优秀的创业团队来执行，前赴后继，改变世界的精神不变，捆绑个人利益与企业利益的激励机制永在。”

最近“红衣大炮”貌似“消停”了不少，很少见他“喷人”了。对此，他解释说“我的性格没有变化，我从来不主动骂人，别人别招惹我。可能跟年龄有关系吧，可能年龄大了心会变得柔软一点。”但我们知道，他对团队的要求是没有变的，正是因为他的苛刻，才激发出团队更大的能量和潜力。

第 2 章

强势慧眼，
精挑细选组建精英团队

Everybody should
be activited in a
good team

1. 霸道总裁乔布斯的精英主义

有人说："精英小团队"和"简洁"的原则紧密交织在一起，这是苹果持续获得成功的关键。事实上，乔布斯的确不是一个依据设计原理和市场需求来设计产品和管理团队的领导。从乔布斯创立苹果伊始，这支团队的所有重要决定都在等待他的个人点头或摇头。

乔布斯极为赞同精英雇佣精英的做法，乔布斯说："通常讲，小公司倾向只雇佣精英。但随着企业成长、恐惧和政治因素逐渐渗入，有些领导害怕新雇员在某些方面超越甚至取代自己，于是，就出现了'蠢人爆炸'。一流老板雇佣二流员工，二流老板雇佣三流员工，三流老板雇佣四流人员，以此类推，直到有天你清醒了，发现自己被'蠢人'包围。所以，我要雇佣最优秀人才；如果可能，雇佣比自己优秀的人才。"

素有专横、霸道"恶名"的乔布斯，不仅在产品上追求极致，用人也如此。

在互联网时代，有一种夸大后的均匀主义十分流行，即越多就越好，讲究"共同聪明"和"开放创新"，认为把各种意见汇集在一起，就会产生一个不可估量的集体聪明。对此，乔布斯则持不同意见，他提出了另外的一个创新模式：依靠于多个精英和某些个人。

乔布斯认为真正优秀的设计师、工程师和治理职员，不只是百分之十，百分之二十，百分之三十好，也不仅仅是非常好，而是10倍的好于普通员工。所以，乔布斯一直致力于寻找非常优秀的人才，并纳入自己的团队中来。

当你秉承精英主义组建团队时，必然就要面对该如何管理桀骜不驯的精英们。乔布斯认为管理者所需要做的最重要的事情，就是告诉精英们他们哪里还不够好，而且要说得非常清楚，清晰明了地提醒他们恢复工作状态，同时不能让对方怀疑你的权威性，要用无可置疑的方式告诉他们，他们的工作不合格。

精英主义不会对团队的稳定性造成冲击，相反它会给团队注入新鲜血液，增强活力。乔布斯曾用一个故事来说明这一点：在我小时候，街上有个独居的男人，他已经八十岁了，我接近他，想让他雇我帮他除草。这位独居的老男人给乔布斯展示了一架老旧的磨石机，往里面放了石头，叮叮咣咣磨了一通后，石头变得更美丽了。这件事情给乔布斯非常深的印象，做事业也是这样，集合一群才华洋溢的精英伙伴，通过辩论、对抗、争吵、合作、互相打磨，磨砺彼此的想法，最终才能创造出美丽的“石头”。

精英对团队带来的只有提升，短暂的冲击是敲醒团队原本固有的老旧的思维模式，只有精英的打磨才能给团队战斗力带来质的提升。

顶尖人才的确有强烈的自尊心，但并不代表管理者需要小心翼翼地呵护他们。乔布斯认为他的成功得益于现了许多才华横溢、不甘平庸的人才。他总结出一个规律：只要召集到五个精英，他们就会喜欢上彼此合作的感觉，杜绝再与平庸者合作，并召集一样优秀的人加入团队。所以，你只要找到几个精英，他们就会自动扩大团队。这时候，他们的心思全都放在工作上，知道工作表现才是最重要的，管理者就不需要悉心呵护他们自尊心

“大部分时候，用户不知他们要什么，直到你直观地呈现。”这是乔布斯的经典名言。他还曾发给苹果高管一封邮件，要求其确保竞争对手的服务无法和 iPod 兼容。邮件中这般写道：“我们要确保 Music Match（竞争对手，一家网络音乐软件公司）发布下载音乐商店后，它们的音乐无法在 iPod 上播放，这有没有问题?”这些都是乔布斯强势管理的缩影，我们发现他的强势是要去影响用户和竞争对手，去引导消费潮流，而不是追随潮流。

正是乔布斯这样的理念，才铸就了苹果今天的地位。很难有一家高科技企业能和苹果相提并论，无论是市值或者对世界的影响力。苹果让我们见证了伟大的企业可以改变世界，也让我们知晓了精英主义能够创造伟大企业。只有奉行精英主义的团队才能把一群精英聚集在一起，因为一个庸才在团队里，会对团队氛围造成负面影响，庸才会拖累团队的进步，还会让精英变得懒惰，所以必须要把团队成员全部打造成精英，对于庸才要及时、彻底地清除。

2. 吸引有上进心的人：跟着我变成更好的你

彼得·德鲁克在《卓有成效的管理者》中说过：“费尽心思调动员工积极性，要求员工保持饱满的激情，恰恰是企业经营缺乏底气的表现。只有建立理性的文化氛围、只有大胆地剖析企业的长处

短处、只有充分发挥员工主观能动性的企业，才有可能不断成功，走向卓越。”渴望成长的人都希望跟随一个能让自己进步的领导，强势领导虽然在批评时不留情面，却能帮助员工进步。

Facebook 首席运营官雪莉·桑德伯格还在谷歌公司当网络销售副总裁的时候，参加过一次重要会议，与会者还包括谷歌公司“三巨头”埃里克·施密特、拉里·佩奇和谢尔盖·布林。当时，她的一名手下金·斯科特在会议上介绍了谷歌 AdSense 业务的发展情况，但是由于紧张，斯科特演讲得不是很好。会后，桑德伯格主动提出和斯科特去散散步。她先是肯定了斯科特演讲中的一些好的内容，但紧接着就话锋一转，直截了当地说道：“你演讲的过程中说了太多次‘嗯’，这会让你听起来很愚蠢。”

这番话毫不留情面，却让斯科特认识到了问题的严重性。诚然，对于那些生活在“如果你不会说人们喜欢听的话，那么就请闭嘴”的文化环境中的人，上面那种批评听起来很不友善。但斯科特心里明白，这是桑德伯格对她做的最友善的事情了。

多年以后，金·斯科特成了 Twitter、Shyp、Rolltape 和 Qualtrics 等诸多国际著名网络公司的资深顾问。回忆起这段历史，她说道：“如果雪莉·桑德伯格不以那种方式说出她的意见，我可能就不会在意，这样我就不可能解决这个问题。”

有些领导者认为对下属要求低一点便于管理，使得员工和团队氛围都较为轻松，其实这是一种自私的表现，因为这样的领导斩断下属变强大的可能性。纵观世界，任何强大的公司都不会给下属安全感，都会用最残忍的方式促使每一名员工成长。反之，凡是想给下属安全感的公司往往都被“吃人般”的竞争所毁灭，因为它们最锋利的武器——员工，在温顺的环境中失去了狼性。

原支付宝 B2C 事业部副总经理程维离职创业嘀嘀打车的时候，公司几乎全盘复制了阿里巴巴的管理方式。但是，程维做了一个连阿里巴巴都没“做绝”的事情，即评选“金桔子烂桔子奖”。程维会定期举行例会，让各部门负责人通过 PPT 演示工作总结。遭到批评最多的部门负责人要领取“烂桔子奖”，反之，业绩优异的部门则会获得“金桔子奖”。

在这种环境下，领到“烂桔子奖”的巨大的压力会让一个人当场崩溃。原嘀嘀快车市场部门的管理人因为产品上线后的一段时间里，订单数一直上不来，成为拖累全公司业绩的众矢之的。毫无疑问，程维颁给了他“烂桔子奖”，当场就让这位部门主管失声痛哭。

其他初创员工看到后，自然也极不愿意陷入这样的尴尬。于是，滴滴快车的员工开始疯狂地推广产品，寻找一切可能去占领市场。程维则坐镇北京，遥控四个大区的负责人，以 A 区的成绩去激发 B 区，营造一种“PK”的氛围。短时间内，滴滴快车覆盖了众多高价值的城市，仅在地推团队 40 天内就安装了 10000 个司机端。

凡是想方设法逼出员工能力，开发员工潜力的公司都会升腾不息。这个社会，要么变成狼，要么被狼吃掉，不进则退已经成了常态。强大的压力和强势管理看似让员工没有安全感，其实这才是真正的安全感，因为只有自身强大的员工才能在任何时候站稳脚跟，才有职场未来可言。

如果领导者总是低目标、低要求、低标准，那么你的团队只能养出一群小绵羊、老油条、小白兔。这是对员工前程最大的不负责任，只会助长人性中原本被压抑住的贪婪、懒惰和无知。如果领导者真的爱自己的下属，希望他们能够得到成长，能够独当一面，那么就不停地考核他，不断地提高对他的要求，时不时地交给他接近能力上限的事情，给他定下更高的目标，不给他懈怠的时间，这样领导者才能得到真正有用的人才，建立起强大的团队。

与其盯着空白的文档努力想出能够鼓励并激励你员工的“至理名言”，不如打开温室的门，把狼放进来，把小绵羊们推出去，让自然而凛冽的社会教育他们，使他们成长。

3. 选人不要只关注学历，会干事才是硬道理

报业大亨鲁伯特·默多克曾经说过：“人才没有标准，新闻集团的高层并不一定都需要具备博士学历才能担任的，只要你有能力，为集团发展做出了贡献，我们不会亏待任何一个在这里发展的人才。”

学历只代表一个人接受过某种教育训练的程度，表明其在所学专业的理论方面略强一些，而并不能代表他就有能力给团队带来正面影响。从某种意义上来说，为了得到高学历而经历的过多的应试教育，导致了许多高学历人才产生只会照搬书本知识而不会处理实际问题的“书呆子”气质。

唐朝初年，山东有一位叫马周的人物，幼时父母双亡，孤苦伶仃，却自学成材，通读史书。但最后他受到了唐太宗李世民的破格提拔，官拜中书令，为唐朝的兴盛做出了巨大贡献。

马周原本不过是郡县里的一名低级文职人员，感觉被大材小用

的他，整日里以饮酒为乐，不务正事。他的自甘堕落受到当时博州刺史达奚恕的责骂，说他不是做官的材料，马周一怒之下挂冠离职，周游全国。

后来，马周投靠了中郎将常何，做了一位门客。贞观五年时，唐太宗李世民要求在朝官吏每人都要写一篇关于时政得失的文章，常何是武将出身，不会舞文弄墨，不得不拜托马周代笔。过了几天，常何用马周缮写的文章给了唐太宗看，李世民一看文章拍案惊奇，打趣道这绝不是常何能写出来的，立刻要求见真正的作者。

常何自然不敢隐瞒，道出了马周的存在。唐太宗即刻派人去请，一见面便和马周谈起了当时政治局势以及为政之道。马周侃侃而谈，从古至今的为政得失谈得非常细致，让李世民大为惊叹，直叹相见恨晚，当场就让马周到掌管机要的门下省任职。第二年，马周就当上了监察御史，后累官至中书令（等同宰相）。

李世民能够慧眼识英雄，不拘一格降人才。然而今人却难有古人的气度，许多企业家在招聘员工的时候就以学历论英雄。只追求高学历的益处何在？是为了一刀切式的寻求精英，还是为了装点企业门面，抑或纯粹是对低学历人才看不上眼？其实，人才哪有什么硬性指标，如果非得安个标准，那唯一的标准就是会干事、干好事的能力。

史玉柱曾经说过："初中水平跟博士后没啥区别。只要能干就行，我一直是这个观点，不在乎学历，只要能干能做出贡献就行。"对于管理者而言，所谓人才应该是把一件事情交给他，做成了，再把一件事情交给他，又做成了。如此这般，只要能把事情做成，就是有用的人才。

欧美国家的企业对于选择人才早已不再局限于陈旧的观念，开始推行“能力主义”和“功绩制度”。根据能力、知识、技能全面衡量决定人才的选拔与提升，认为学历只是一方面，更强调以功效衡量一个人的本领，把知识、能力和实际取得的业绩作为选拔人才的标准。

在这个学历泛滥的时代，一竿子砸下去十个有八个是大学生。学历只代表过去，而能力代表现在。联想总裁柳传志说过：“联想在择才方面的标准是‘善于总结’，学历只能代表一个人的静态能力，而学习才是一个人的动态、实在可用的能力。”

我们对待学历的态度应当是不唯学历，能力第一。史玉柱在巨人集团校园招聘的内部会议上就向相关负责人提出了这样的要求，他认为人才是如今企业发展的核心竞争力，但招人不能一味“求量”，而必须“重质”。他希望团队能广撒网，给更多热爱游戏、有才华的人提供机会，比如应该向肄业生也敞开大门。只要他们的能力达到公司招聘要求，并在某些领域具有突出才能。

新东方就出过两名肄业生人才，一个就是之后大名鼎鼎的锤子科技创始人罗永浩，高二退学的他在新东方任教 5 年；另一位不太出名，名叫衣鹏飞，是一位 90 后。2005 年，衣鹏飞从高中辍学，独自创立了网络安全技术社区。一年的时间，社区就积攒了数十万用户，衣鹏飞在社区内建设网络安全技术培训体系，收获了人生第一桶金。

希望得到更大成长的衣鹏飞选择到北京对技术进行更专注的深造。2008 年，他加入北京方兴和科技公司，任系统架构部经理，开创企业电话会议到个人多方通话的业务转型典范。2010 年，衣鹏飞与方兴和企业技术负责人共同创业，尝试户外自驾游市场。之后，他随同事加入网秦，担任网秦空间事业部云平台负责人。2011 年，衣鹏飞加入音悦台共同创业，负责音悦台无线产品的研发、运营、变现工作，打造出一款拥有千万级用户群体的 APP。2014 年初，受邀担任去哪儿度假频道交易系统负责人。同年，他被俞敏洪收入旗下，担任新东方首款单词学习 APP“乐词”的 CEO。

有能力的人在哪都能够做得风生水起，没有学历并没有给他们造成什么影响。在吸纳人才方面，领导者应当强势起来，大胆运用唯能力论，灵活起用人才，不要被学历约束了手脚。

4. 直系亲属一律不能在公司工作

联想控股董事长兼总裁、素有“IT 教父”之称的柳传志有许多经典的管理理念，颇受推崇。然而令人诧异的是，他在联想做了个规定，对于公司高层子女，无论多优秀都坚决不让他们进公司。

对此，柳传志解释道：“我们的子女念大学的时候，当时学电脑又很流行。我的两个儿子，都是念计算机的，一个在北大一个在北邮。到美国，一个在哈佛一个在哥伦比亚，也都念的是计算机。其他同志的孩子也都差不多。如果这些孩子全都进了公司，父母又当领导，那这就出大麻烦了。我们就规定，不管孩子多优秀，一律不许进公司。”

不仅如此，随着联想公司规模的急速扩张，时不时就有无法拒绝的大客户、大领导想介绍子女到联想工作。对此，柳传志为了不得罪这些人，又不给公司带来麻烦。他规定，凡是介绍来联想上班的，必须经过三个副总裁同时签字才行。“还有很多领导和大客户推荐的孩子想来，有些还是很不错的，那怎么办？我们就出一个规定，必须三个副总裁以上的签字，这个孩子跟任何一个领导都没关系。”柳传志说，这就保证将来不管谁犯了联想的“天条”，绝对不会“选择性执法”。

可以说，柳传志为了杜绝企业阶层固化，保持团队活力，想尽了办法。也许你会说，举贤不避亲。但是从企业利益第一的角度出发，高层直系亲属入职公司带来的更多是负面影响。因为当企业成长到一定阶段是，第一个危机就是用人方面，原本精英团队被内部人员不断蚕食、替换，后果则会不堪设想。

有些领导者本着自己人更放心的想法，在财务、人事、助手、销售等各大关隘都安插自己的嫡系部队把守。但是时间一长，往往发现有时候亲戚更不好管，管深了伤感情，管浅了不听话。靠人治，以感情为管理纽带的企业往往都会出现发展瓶颈。李嘉诚就说过：“如果你任人唯亲的话，那么企业就一定会受到挫败。”

20 世纪 90 年代，中国鞋业代表企业之一的双星集团就因为任人唯亲而走向没落。当时双星集团的掌舵人将大量的亲戚安排在了双星工作。儿子是双星驻美公司的经理兼任双星生产供应总经理，妻弟、连襟、孙子都是全国各大分公司的总经理，后来这些分公司都在改制（将各地分公司出售给个人）过程中被他们买断。双星集团立刻就被同一起跑线的李宁远远甩在了身后。

在企业创立之初，将以血缘、亲缘为纽带的家族成员捆绑在一起做事，是有一定优势的。但随着企业的不断壮大，家族企业的弊端就日益明显。比如，其内部会形成各类利益集团，由于夹杂复杂的感情关系，使领导者在处理利益关系时会处于更复杂，甚至是两难的境地。当企业安插了过多领导的直系亲属时，管理的尺度就无法拿捏，管理的公平公正更加无从保证，最重要的是给基层员工带来了上升通道被侵占的认知。

这时候，为了便于管理，为了企业的未来，作为企业领导一定要狠下心，冒着得罪人的风险，把家人“请”出企业的门外。

新东方集团最开始就是一个典型的家族企业，俞敏洪的妻子、姐姐、姐夫等都在公司任职。起初，新东方的第一批团队都是下岗的中年妇女，家族化的弊端尚未显现。

等到集团发展到一定程度时，俞敏洪为了做大，先后赴美国、加拿大，邀请到了海外友人王强、徐小平和包一凡等人回国共同打江山。这些人都是俞敏洪的同学，其中徐小平曾任北大教师，后在加拿大获硕士学位；王强在美国获计算机硕士学位，入职贝尔传讯研究所做工程师；包凡一在加拿大获 MBA 学位，入职通用汽车。俞敏洪认为他们都比自己强。

为了迎接徐小平，俞敏洪调离了公司原来做移民项目的加拿大经理。王强来的时候，俞敏洪又把自己的夫人“撤出”财务、行政、后勤领域。但是这样一来，家族成员很快和他的朋友们产生冲突。

俞敏洪知道两者只能取其一，因此他果断制定了回避原则，即直系亲属一律不能在公司工作。此规定一出，俞敏洪的母亲立刻表示反对，说：“你这个对我不管用。”但俞敏洪强势执行了这个规定，母亲为此大闹新东方办公室，一起白手起家创业的妻子半年对他不理不睬。俞敏洪没有改变主意，他顶住压力，坚决执行公司去家族化，甚至不得不给母亲下跪博得支持。

当企业高层在家族关系的基础上雇用家族成员，而不是根据一个人的能力来匹配岗位，必然会由于缺少高质量的员工使企业逐渐走下坡路，最终的结果是造成整个企业人心涣散，发展步伐减慢，甚至退步。我们应当着眼于企业的长远发展，坚决克服任人唯亲的偏向，执行直系亲属一律不得进人公司的规定。做到唯才是举，唯才是用，才是对企业最好的交代。

5. 不要最好的，只要最合适的

“经营之神”松下幸之助曾说过说：“七十分的员工才是合适公司的员工。因为 70 分的员工具备有挖掘的潜力，有向前的动力，而且在学习力和沟通方面更容易接受新公司的文化。相比 100 分的员工，大多可能是期望值比较高，对公司的挑剔多于宽容，对新公司的文化一般比较接纳。总而言之，合适的才是最好的。”

我们并非否定 100 分员工的能力，而是说最好的人不一定最合适，两者之间应当选择合适的人才，因为他们的契合度足以让企业和其本身得到充足的成长，达到双赢。

阿里巴巴总裁马云在说起用人时，就非常赞同用最合适的人才，他曾在移动好友互动平台来往上写下这样一段话：“2001 年的时候，我犯了一个错误，我告诉我的 18 位共同创业的同仁，他们只能做小组经理，而所有的副总裁都得从外面聘请。现在十年过去了，我从外面聘请的人才都走了，而我之前曾怀疑过其能力的人都成了副总裁或董事。他们现在都非常出色，因为他们相信自己的能力。所以我想告诉大家的是，多关注员工，因为他们是有家庭有梦想的人。他们不只是为了工作而工作，他们还带着他们的梦想并与你共同分享。”

选择合适的人并且相信他们的能力，他们自然就会表现得像个人才。马云在2000年的时候筹到了500万的资金，于是他的眼光开始放高，只想请天才员工，比方说MBA人才或者跨国公司的职业经理人。马云一度认为，如果一个人能拿到MBA，那么他一定就是很优秀的人才。但是事实给了他一个响亮的耳光，马云发现这类人才往往只会不停地和他谈策略，谈计划。

当时，有一位外聘来的营销副总裁给了马云一份下年度营销预算表，总金额达到了一千两百万美元。而阿里巴巴全部资金还不到五百万美元，还对外来人才有很大期望的马云差点没晕过去。他问为什么要这么多的营销费用时，这位营销副总裁答道：“我做的计划从不低于一千万美元！”

后来，马云醒悟到人才只有最合适的才是最好的，而非一定要最天才的、履历最漂亮的。对此，马云还做了个非常形象的比喻，在企业还不够强大时却想要聘请高端人才，就好比将波音747的引擎放到拖拉机里。即使引擎放得进去，但要知道拖拉机是永远飞不起来的。与其费力不讨好地寻找最好人才，不如努力培养自己的年轻人。马云认为，如果希望公司稳健发展，尽量少从外面“挖”高层人员，多花时间招聘优秀年轻人，因为最好的人才一定是自己发现、培养和训练出来的。

Zynga 联合创始人兼首席执行官马克·平卡斯说过："我不会关注那些业已取得不俗业绩的员工，因为他们一定是某个伟大团队中的优秀员工，但接下来的情况可能不会进展顺利，他们可能会非常急功近利，迫切想要成为某个部门的主管。我会接受那些从某种程度而言有过冒险或失败经历的员工，因为他们会拥有更多实际的经验，而且他们也会非常谦逊。另外，我还喜欢聘用那些寻求比他们能力更低职位的应聘者，因为这样的人毕竟是少数，有些人非常谦逊，有些人非常自信。"

晚清湘军名将胡林翼就做得特别好。当选拔湘军一个营长时，他要求这个人必须有智慧，有统兵经验；当选择一个哨官时，要求他勇敢廉洁，有带领士兵向前冲的勇敢精神和不克扣士兵军饷的诚实作风；当选拔一个什长时，则要求他善于团结，敢打敢拼。合适的人放在合适的岗位，才能披荆斩棘打胜仗。

人才在合适的岗位和环境下才能发挥最大的功效，那些在领域拔尖的人在另一领域就不一定能站在前列，反而那些有缺点有优点的"次等"人才却能够在自己领域表现出色。

特斯拉电动车公司首席执行官埃隆·马斯克说过："事实上，我会亲自面试公司的所有前来应聘的员工，我们是一个拥有 500 人的公司，因此我的面试工作量会非常大。我会挖掘什么呢？这将取决于工作岗位的任务。因此，问题也不尽相同。如果是招聘组装硬件的员工，那我不一定会物色那些拥有优秀分析能力的员工。但是，我认为，总体而言，我会招聘那些拥有积极态度和非常容易相处的员工。喜欢与你共事的同事将会非常重要，否则你的生活和工作将会非常无趣。事实上，我们也建立了严格的'清除不称职员工’的政策，如果有员工不称职，那么我们就会清除。当然，我们会事先对他提出警告，如果他们仍继续不称职，那就只能被清除出门。”

如果团队中已有一些看起来才干很好，是典型好人才，却不能胜任本职工作时，领导者应当找到其岗位不贴合的原因，适度做出调整。如果发现其的确不合适本团队，无论他有多好的才能，都应当果断清理掉，保证合适的人出现在合适的岗位上。

因事择人，切勿有才便招。做好对员工的评估，包括工作质量、沟通能力、执行能力等，摸清岗位具体情况，找到契合度最高的人才是对员工和团队最大的负责。

凤凰落脚荒山，荒山不会因此改变，凤凰不会常驻，但开荒的老农来了，荒山便能换新貌。

6. 有才无德的人坚决不用

管理者在组建团队时常常会遇见这样的状况，面试的员工才能很优秀，德行却很差劲，或者说团队发展中逐渐发现存在这样的员工。

古人云："其身不正，为政无德，而能治国者，无之。"意思是说，从古至今，德行不正却能治理好国家的人是不存在的。古人非常重视人才的德行，早在唐代，对官吏的选拔任用就曾明确提出过"四善"原则，即"一曰德义有闻，二曰清慎明著，三曰公平可称，四曰恪勤匪懈"。起用或者提拔任何官员，德都排在第一位。

蒙牛乳业集团创始人牛根生先生谈到人才选拔时曾经说过：“有才有德是正品，有德无才是次品，无德无才是废品，有才无德是毒品。”

牛根生的好友马云就非常注重员工的德行问题。曾经，在阿里巴巴发生过这样一件事情，有人反映阿里巴巴的一名员工在和客户接触的时候，向客户承诺回扣，而这种事是阿里巴巴绝对不能容忍的。马云即刻下命令彻查此事，原来是淘宝网一名员工为了保住自己销售冠军的地位而想出的这么一个“歪招”。

这可让该名业务员的主管犯了难，因为这位走上“邪路”的业务员一直都表现得很优秀，往日里也极为遵守阿里巴巴的各项规章制度。在上个月刚他被评为“销售之星”，而这个月他的销售额也马上就要达到“销售之星”的标准了，可以说是部门的一名冉冉升起的新星。该主管认为，也许他是求功心切才出此下策的，如果因为一次错误就将他“扫地出门”，会不会让其他同事寒心呢？

可马云并没有留给这名员工任何讨价还价的余地，就在调查清楚这位员工斑斑劣迹的当天，马云就给他办好了离职手续。在马云看来，有才无德的人坚决不能用，而且对于违反公司规定的行为要杜绝，毫不留情。这件事后，马云给公司上下做了一个批示：“道德是阿里巴巴的天条，永远都不能够被侵犯。”

俗话说得好：“流氓会武术，谁也挡不住。”有才固然能够给团队带来帮助，但是无德给团队带来的负面影响更大，甚至会把整个企业推向悬崖。

历史显赫的英国老牌贵族银行巴林银行就是因为一名有才无德

的员工走向了破产。当年，巴林银行驻新加坡巴林期货公司总经理、首席交易员尼克李森以稳健、大胆著称，在日经225期货合约市场上，他被誉为“不可战胜的李森”。

年仅28岁的李森在未经授权的情况下，以银行的名义认购了总价70亿美元的日本股票指数期货，并以买空的做法在日本期货市场买进了价值200亿美元的短期利率债券。如果这几笔交易成功，李森将会从中获得巨大的收益，但阪神地震后，日本债券市场一直下跌。据不完全统计，巴林银行因此而损失10多亿美元，这一数字已经超过了该行现有的8.6亿美元的总价值，因此这家有着233年历史的巴林银行不得不宣布倒闭。

任何公司的抗风险能力最薄弱的地方都是企业内部，而领导者的本职就是杜绝从内部溃败。可能从短期看，有才无德之人给公司带来了一些效益，但从长远看来，有才无德带来的更多是麻烦和不可预测的风险。

宋朝的蔡京和秦桧都是一代书法名家，绝对的有才之人。但是前者凶狠狡诈，舞弄权术，贪婪自用，北宋之亡，相当程度上是由于宋徽宗宠用蔡京这个佞臣；后者状元出身，博学多才，却杀害民族英雄岳飞，贬逐忠臣良将，为主议和，坚持投降，实行向金称臣纳币的政策，成为南宋有名的奸相。

对于员工德行方面的考量，我们可以树立四项标准，即：不安心工作，骑驴找马者；打探公司机密，包藏祸心者；欺上瞒下，信口雌黄者；溜须拍马，暗中使坏者。凡是达到一项标准即可剔除，管理者在这方面必须要强势起来，不给无德之人可乘之机。

人有所长，亦有所短。领导者不能对员工求全责备，要求员工尽善尽美。但是，领导者必须警惕，对于那些有致命弱点的人，尤其在品德方面有问题的人，一定要门外的不放进来，门内的坚决踢出去。

7. 对能力比你强的下属，要舍得给表演“舞台”

钢铁大王卡耐基的碑文是这样写的：“一位知道选用比他本人能力更强的人来为自己工作的人安息于此。”其实，真正成功的企业家，尤其是独立创业者，无不例外都极其善用能力比自己强的下属。

强大的员工比一般员工更需要一个表演舞台去发挥自己的能力，而当领导者无法满足这点需求时，他们极大可能会选择离去。这些人的忠诚度不能单靠高薪和奖金换来，因为这些单纯依靠物质吸引人才的做法，其他企业也做得到，一旦有更高薪的就业机会，人才很容易被挖走。

传统管理方式是一手拿糖果，一手拿大棒，用物质的给予与剥夺作为奖惩的工具。但是，在今天的企业管理中，尤其是比领导强的员工，他们对价值的理解与需要早就变得多元化，其中自我价值的表达、是否受到尊重、愉悦的工作心情等成了除薪酬与职位外的重要价值因素。

这当中，最能留住员工的就是自我价值的表达，因为强大的人只要有“登台表演”的机会都会很高兴。盛大游戏首席技术官朱继盛说过：“盛大网络核心的思想只有一点，给相应的人以自己的舞台，施展他自己的东西。”所以，在盛大有 30 岁不到的年轻高层，因为这里的领导者相信给员工中的强者一个舞台，回报给企业的绝对是一台精彩的“好戏”。

著名的奥格尔维定律，就是用大娃娃里面套小娃娃，小娃娃里面套更小娃娃来体现的，即管理者雇用比我们自己更强的人，企业就能强大，如果领导所用的人都比自己差，那么员工就只能做出比领导更差的事情。更可怕的是，当领导因为猜忌、害怕而不去重视对那些比自己强大员工的培育时，那么企业内部就会出现格雷欣法则，即一般人才驱逐优秀人才，即便再招入优秀人才，也难以“落地”，也会受到“排挤”。

即便你非常会处理员工之间的关系，使得强大的员工不会受到排挤，但是工作能力上的牵扯还会产生“螃蟹效应”。（在竹篓里装螃蟹，不需要给螃蟹拴腿，更不要盖盖子，那些有强大爬行能力的螃蟹也爬不出来，原因在于所有螃蟹都往上爬，下面的螃蟹会抓住上面螃蟹的腿，最后都爬不出去）即优秀员工被庸才扯住了后腿，无法安心工作，也逐渐变得平庸。于是，领导者环顾四周，却发现不了合适的管理人才，只能矮子里拔高个子，或者用“空降部队”，企业发展速度必然放缓。

著名的谷歌公司为了给强大员工一个好的舞台，在内部建立起一种良性的管理文化：开会时不是领导者先发言，而是有最重要紧急事务的人先发言、有价值的内容先发言。除此之外，谷歌还允许工程师只把 80% 的工作时间放在公司规定的工作上，其他时间可以根据自己的兴趣来决定做什么，比如开发一些自己感兴趣的发明或研究某项课题等。于是，很多绝妙的创意与技术便在这些自由的时间里诞生了，这些创意与发明成了谷歌的摇钱树，甚至很多项目后来成了谷歌的主体业务。谷歌的领导者立志成为这些员工最有力的后盾和服务的仆人。

由于知识体系年年更新，专业分化越来越快，越来越多的管理者发现自己变得没有下属强，很多事情需要下属解释给自己听。所以，给比你强大的员工一个舞台是一种必然的趋势，不然企业就会失去进化的最大推动力。

宝洁中国区副总裁许有杰说过："宝洁作为雇主，我们一直认为我们招聘的是一个完整的人，而不仅仅是一个员工。所以我们从更全面的角度来设计我们的人才培养系统，我们希望给员工创造一个良好的工作环境，提供一个有广阔前景的职业，给予员工最好的培训，提供良好的薪酬福利，让员工的生活和工作能够平衡，培养有潜质的领袖及对公司对工作的自豪感。"

好员工需要的舞台有很多种，但无外乎三点：沟通、信任、授权。领导者可以明确对逼自己强大的员工的绩效考核方案，把指标做细做实。如果他能够完成指标要求，尽你权限范围内的最大力度给予激励不仅仅是物质激励，还可以多为他争取一些学习机会或者露脸机会，让对方觉得跟着你有肉吃；如果不能达到指标，通过绩效辅导让他充分认识到自己的短板和问题，而且都是有确切证据、明确备案、无可辩驳的。

惠普公司前总裁兼首席执行官卡莉·费奥里娜说过："其实管理企业，就是靠人际关系。"你给员工营造什么样的团队氛围，给予他们什么样的平台发挥，员工回馈给你的一丝一毫都不会作假。

项羽武功盖世，兵法娴熟，却败给了看似一无是处的刘邦。原因何在？因为项羽太在乎自己的强，于是用的人全是能力不如自己的。如果一个属下能力有超过他的地方，项羽就很容易猜忌他，从而中了一次又一次离间计。而刘邦用的全是比他强的人，用兵如神的韩信、决胜于千里之外的萧何、大智若愚的张良等等，可谓帐下人才济济。

当领导者猜忌、害怕比自己强的员工时，领导者就只能领着一群“窝囊废”作战。而当领导者果断启用比自己更优秀的人才，信任他们，帮助他们时，领导者不仅会赢得尊重，还会赢得组织的大好前程。

8. 怪人有怪才，大胆使用收奇效

日本索尼公司素来以独创技术而驰名，但在微型计算机市场蓬勃发展的时期，索尼却因为错失机会没有跟上大部队。当时索尼的决策者知道，要想后来者居上，就必须拿出过硬的产品。按照以往的常规，科研部门拿出新产品的周期至少需要两年，这显然是等不及的。于是，索尼董事长决定在企业内部进行公开招标，无论是谁，只要可以研发出好产品就升职加薪。

结果，三位在索尼团队里被视为“怪人”的职工一起中标了。索尼董事长决定搏一搏，他放手让这三位“怪人”去研发，并提供了非常好的研发环境。三位“怪人”果然不负众望，只用了半年时间，印有索尼商标的微型计算机便出现在商店里。因为其性能高于同类产品，价格上却便宜近一半，索尼很快就在微型计算机市场站稳了脚跟。

许多企业家都会遇见一些怪怪的员工，要么很有性格，要么做事出人意料，但是很多管理者对这样的人选择避而远之。无它，只是因为拿捏不住他们的水准。更有甚者，对这类“怪人”非常排斥，视为异类，想尽办法要踢出团队。

中国有句俗语说：“能受天磨真铁汉，不遭人忌是庸才。”许多人才都会给人一点另类的认知，在这个中庸大行其道的国度，不太受欢迎就不意外了。但是，作为管理者不能在人才的择取问题上秉承中庸之道，因为企业总有些“怪人”蕴藏着常人所不具备的能力。所以，我们应当摒弃世俗观念，在适当的条件下和适当的观察后大胆启用这些“怪才”。

战国四公子之首的孟尝君就是一位善用怪才的领导，他门下食客三千，待遇不分贵贱一律与他本人相同。其中有一位叫冯谖的门人，身佩长铗，乱发披肩，举止颇显怪异，且出门办事必配车马，每日用餐必有鱼肉，稍不如意，便以“长铗归去”相要挟。冯谖的怪异和作风使其他食客都不喜欢他，纷纷进言孟尝君要求把他打发走。孟尝君却颇为大度，处处以诚相待，尽量满足冯谖的“过分”要求。后来，冯谖通过“薛国市义”、营造“三窟”等活动，使其政治事业久盛不衰，为孟尝君立下了汗马功劳。

唐末著名诗人杜荀鹤有诗云：“自小刺头深草里，而今渐觉出蓬蒿，时人不识凌云木，直待凌云始道高。”怪才就像凌云木一把，不受重视的时候毫不起眼，甚至不如一般员工，只有给予培养，大胆启用，才能展现他们的凌云之姿。

管理者在识别人才时要注重那些潜在人才，这需要高超的洞察力和平实的心态，不然就会错过一个个“怪人”。

金蝶国际软件集团老总徐少春曾经很通俗地讲过：“创新还是要回归到人，人是这里头最重要的主题，怎么调动人的积极性，怎么鼓励他犯错误，不怕犯错误，这是很关键的。公司招募的怪才和极客们，他们的做事习惯和大家不一样，风格和大家不一样，只要不是违法乱纪，他在企业里头干任何事情都不觉得受限的时候，这个企业就已经具备了创新的条件。”理解、接纳、信任是寻找怪才的三个法宝，只有彻底摒弃对怪人“瞧不上”的心态，才能给企业的创新机会添砖加瓦。

在世界500强企业的名单中，你会发现依靠吃资源的陈年老店越来越少，涌现的新面孔最多的是诸如通用电气、三星、丰田这类技术派企业，以及堪称“怪人”公园的苹果和谷歌。因为围绕着这些“跳出三界之外，不在五行之中”的怪才们给企业带来的是创新和创意，这正是这个时代最有价值的生产资料。

大胆用怪才，这是未来企业用人的一个方向。著名导演吴天明在担任西安电影制片厂厂长的时候。在其任职期间实行了一系列改革措施，大胆启用有才华的青年艺术家，为他们营造了一个比较宽松的创作环境，使后来被称为中国电影第五代代表人物的张艺谋、黄建新、何平、周晓文、顾长卫等一批优秀的青年艺术家脱颖而出。这批青年艺术家的作品立意独特手法新颖，连连在国内外获奖，为中国电影赢得了荣誉。这不但使这批青年艺术家在影坛站稳了脚跟，也使名不见经传的西安电影制片厂成为国内外瞩目的中国新潮电影的摇篮。

贴着“怪人”标签的员工们，不应当成为管理者头疼的刺头，而是应该成为企业人才库的战略储备。一个团队要想成功创新，只有依赖两种形式，即“理性的管理，建立创新体系”和“思想的最大自由”。这些唯有依靠“怪人”们去推动，那些已有的、稳定的、陈旧的老员工们只能做基石，不能去冲刺。

领导者使用“怪人”，须具备超常的度量，有惜才之心，但也要给“怪人”设定目标，利用他们澎湃的求新欲望创造出最大的效益。

第 3 章

讲有分量的话，令出如山倒

Everybody should be activited in a good team

1. 传达指令，越简洁越有效

在军队里，战士们接到的指令通常是："几点几分，在哪里集合。""某日某时，攻打某某战地。""哨声一响，开始射击。"简洁、清晰，一听就懂，因为行军打仗中没有时间长篇大论，指令越简洁明了，部下反应就越快。

企业领导在下达命令的时候，也应该自觉追求言简意明的表达。只需说明"是什么"、"怎么办"，无须解释"为什么"，也不要赘述无关内容，以免旁生枝蔓，拉杂冗长，导致误会。简言之，企业中下指令讲究开门见山、中心突出、没有废话，简洁为上策。

曾经有一位公司副总因为华北地区业务发展需要，找到对口的业务主管说："小王，你负责这个年度 A 产品的华北地区的推广工作，希望你加油干啊，公司对你抱有很大的希望的。告诉你的团队，如果能够出色地完成这次销售任务，公司会给大家提供奖励的。"

这句含糊的指令和许诺让小王摸不着头脑，他不知道推广工作的具体目标是什么，也不清楚如何完成销售任务，更不知道公司会给团队提供什么样的奖励。小王不敢也不好意思去找副总细问，只能回去跟手底下人说公司今年希望他们好好干，会有奖励，很快这件事就过去了，团队成员照旧工作，A 产品在华北地区的业务也不见起色。

后来，这名副总因为业绩不佳离职了，公司花高薪外面聘请了一位“牛人”做副总。新官上任三把火，这位新副总很快就找到了公司业务最薄弱的华北地区负责人小王，直接下命令说：“小王，公司希望 A 产品在华北地区的市场占有率达到 40%，过去我们一直在追赶这个目标，但一直未能达到，希望今年你能带领团队攻克它！而本季度实现 100 万的销售利润是公司额定的目标，但如果你能带领大家实现超过 100 万的利润，公司将从超额部分中抽取 10%，对你和你的团队进行奖励。”

业务主管小王听了自信满满地接受了这项任务，并且表示一定圆满完成任务。回去之后，他高兴地对团队宣布公司任务和奖励政策。整个团队就像打了鸡血一样，奔着季度和年度目标努力工作，在很短的时间内就达成了指标。年尾的时候，每个人都拿到了一笔丰厚的奖金。

只有当下属清晰地知道目标，管理者传达的指令才会有效地被执行。暧昧不明的目标命令让业务主管小王摸不着头脑，企业员工对待这种画饼充饥式的激励完全不感冒，反而清晰可量化的命令却马上让团队看到目标，马上运作起来，让业绩有所起色。

所以，传达指令的第一要素就是管理者自己要明了指令的意图，力求清楚、准确、简洁的表述出该指令的重点。指令的内容不需要多，用词的含义、精炼程度才是指令重于泰山或轻于鸿毛的原因所在。在团队中，许多指令的贯彻都以失败或者不太成功而告终，究其原因就是在于做不到简洁。

指令用简短的文字承载更多和更有用的信息，这样才能使你的话语节奏明快，使下属觉得你果断、直接。如果指令空话连篇、言之无物，下属会产生犹豫，执行指令的节奏必然拖沓。

那么，如何才能让指令简洁精炼呢？重点在于培养说话风格。

首先，指令要避繁就简，但又不要因此使你的指令意思含混不清。有些管理者在下指令时，尤其是触及一些复杂事情时说了许多话，但还是无法把他的意思表达出来，以致听者花了很多时间和精力去聆听，却还需要花时间在连篇废话中挑肥拣瘦找重点，领导和员工都太累。最终，领导讲了许多，员工不知道他想说什么。

如果领导者有这样的毛病，一定要进行矫正。最好的办法就是在下指令之前，对要做的事情有正确、清晰的理解，然后在脑子里制定一个初步的，符合实际的信息沟通计划。

领导者还应该使被下指令的对象清楚指令问题或事件的背景，解决问题的方案及其依据的资料和决策的理由。做好这些，再把计划要说的内容讲出来，就可防止枝节滥生，沟通不畅。

其次，不要使用冗长的句子，避免文不对题。指令应当要点精确、详细，以免产生歧义，并且避免不必要的重复，少用长句、行话或是下属不熟悉的术语。在中国，领导者常常使用叠句来加强语气来引起别人的注意或加强记忆。但如果滥用叠句，就会显得很累赘。譬如说，许多领导在下指令的时候会反问下属："为什么？你觉得应该怎么办？当时我是这样想的？"其实，一个"为什么"就足以引起他们思考，叠句太多反而容易引起下属的逆反心理，人都是不愿意听太多废话的。

养狗的人都知道，让狗狗掌握基本的指令时最重要的，如"停""坐下""过来"等。但不少新晋犬主喜欢对狗进行花哨的动作训练，如握手、座椅、装死等等。固然这些动作表演起来很有趣味，但是最简单的"停""过来"等动作，才是狗在城市中生活的"安身立命之本"。这些属于服从性命令的指令，在很多时候甚至能够救命。

下指令同样如此，言简意赅，且简中求准。曾有位“啰唆先生”在给家人的信中写道：“吾于下月即将返里。不在初一即在初二，不在初二即在初三，不在初三即在初四……不在二十八即在二十九。其所以不写三十，因月小之故也。”这样的大废话毫无用处，还会给人啰唆之感，丝毫没有雷厉风行的作风。

优秀的领导者必须具备把工作指令简洁化的能力，越是简洁就越能体现领导者的能力，因为简洁才能方便下属更好地执行。如果你是位下令简洁的领导，你的这封家书会写：“吾下月将返家。”啰唆会使人索然寡味，十分讨厌，哪怕你是上级领导。简洁则会使双方愉悦，上下沟通畅达无误。

2. 令出如山，别让命令打任何折扣

没有执行力，团队实力就无法体现。而执行的第一步就是服从，员工服从管理，坚决执行命令，不打任何折扣。要让下属做到不折不扣地执行，领导必须说一不二，必要时候不怕杀鸡给猴看。

春秋时期的著名军事家“兵圣”孙武曾经拜见吴王阖闾，并呈上了自己所著兵书十三篇。吴王阅后，赞不绝口，提出让孙武将宫女操练一番的想法，借此考验孙武的真实能力。孙武毫不畏惧地答应下来。

他先是将100多名宫女分为两队，让吴王的两位宠妃当队长。孙武约定好口令、规定动作后，便竖起一把大斧，宣布军方：“凡有不听令者，斩！”接着，孙武击鼓发令向右，宫女们却个个笑个

不停。孙武说："规定不明确，口令不熟练，这是将帅之过。"再次重申纪律，接着击鼓发令向左。

宫女们依旧大笑，孙武说："我已经再三重申，规定已经明确，口令也很熟悉了，仍不执行，那这就是士兵之过了。"遂下令捉住当队长的两名吴王爱妃斩首，吴王从高台上望见孙武要杀死自己的爱妃，急忙派人传令说："我已知将军善用兵了，我离开这两个妃子连饭都吃不下，请将军不要杀她们。"

孙武说："臣为将，军中令如山，君命恕不有从。"便杀了两位吴王妃子示众，另任命一名宫女为队长，重新击鼓操练。这下，宫女们的动作都合乎规定和要求了，无一人敢出声滋扰。孙武派人报告吴王说："队伍已训练好了，大王可以下来看看，这支队伍纪律森严，可为大王赴汤蹈火。"

第二次世界大战期间，美国海军陆战队上将罗伊·斯坦利·盖格在一次训话中讲到："你们只有一个脑袋，必须要有两种功能，我要求你们用左脑去服从，用右脑去创造！"当你的下属敢对你的命令打折，很显然他们也没有把你的权威放在眼里，甚至，他们根本不把你当成上司看。这也说明，你对他们的管理是彻头彻尾的失败。

曾经有一位经理非常苦恼，因为他发现属下对他的命令总是不太当回事。他苦思冥想，绞尽脑汁也没想出原因。于是，他在一个周末的晚上宴请了一位关系很好的下属，想和他推心置腹地谈一谈。

觥筹交错间，气氛很放松，那位下属也说出了真相："不是大家不拿你当回事，而是你今天下的命令明天可能就变了，搞得大家一天的劳动成果付诸东流。而且，你特别容易被人说服，总想把大家的意见都考虑到。但事实上那是不可能的。长此以往，大家当然觉得还是等你下最后命令的时候再说吧，所以消极怠工成了常态。”

许多领导者不能够在团队中令出如山，就是因为自己把命令当成了廉价品，不懂得下命令的技巧。

第一，不要无的放矢。领导者在发布命令时必须拥有三个元素：理由、目的和承诺。即这件事情为什么必须做；这件事情要在什么时候什么地方完成；最适合做这件事情的人是谁；该怎样做好这件事；做好这件事需要什么样的工具、设备、人员和开销。如果不能在下命令的时候准备好这些命令指导性的东西，该命令就容易引起下属不满，间接导致命令被打折扣。

第二，下命令时口吻要强硬。当领导者下命令时，说话的口吻非常重要，因为一开始接受命令的下属会显得犹豫不决，这个时候就算他执行了命令，其效果也会打折。面对这种境况，领导者可以通过语言和表情的强硬表现来宣示命令的不容怠慢。譬如说，大声下命令会让下属被你的斗志所感染；在众人面前下命令，会让下属拒绝其他任务而优先完成这项命令；表情肃穆地下命令，会让下属认为这件事情很重要。

第三，让下属理解你的命令。命令是否能够得到贯彻执行，与下属对它的理解程度由很大关系。当下属对命令理解的程度高时，执行起来就非常顺利。想要做到这一点，就必须让下属复述对命令的理解以证实他们是否听明白了命令。

第四，确保命令的执行。命令在执行过程中难免出现各种问题，甚至执行受阻。所以，领导者需要监督命令的执行情况。可以每天抽出一点时间来检查工作重点，做到心中有数很重要，并且及时帮下属排除执行命令过程中那些无法解决的问题。

使用有技巧的命令法，你不但可以管好下属，并且可以使他尽力发挥自己的创意和主观能动性，把命令执行得更加完美，甚至超出你的预期。

也许你会认为一个极具创造性的团体，更加强调成员的创造性和变通性。其实不然，创造是建立在服从基础上的，变通也是命令落实范围内允许的变通。只有这样，成员才能最大限度地发挥自己的优势，进行更大程度上的创新活动，既不会让团队走偏，也不会使个人工作出现“文不对题”的尴尬。

3. 一言九鼎，许诺必须兑现

巨人集团董事长史玉柱在回答领导素质中哪项最为重要这个问题时说：“是‘说到做到’。你只要承诺了，几月几日几点钟做完，你一定要做完。完不成，不管什么理由，一定会遭到处罚。往往越没本事的人，找理由的本事就越高。我们干脆不问什么原因了，你部门的事你就得承担责任，不用解释。所以现在大家都说实话，不搞浮夸了。”

领导者是否能够说到做到，不仅关系到其个人的品质和威望，也关系到企业的形象和兴衰，因此千万不能说了却做不到，给员工开“空头支票”，这极不利于团队发展和稳定。

1797 年 3 月，刚刚率军在意大利击败了第一次反法同盟的拿破仑偕同新婚妻子约瑟芬参观了卢森堡大公国第一国立小学。在那里，拿破仑夫妇受到了热情的欢迎和招待，加上拿破仑战场、情场双双得意，高兴的拿破仑对该校校长说：“为了答谢贵校对我，尤其是对我夫人约瑟芬的盛情款待，我不仅今天呈上一束玫瑰花，并且在未来的日子里，只要我们法国存在一天的每年今天我将亲自派人送给贵校一束价值相等的玫瑰花，作为法兰西与卢森堡友谊的象征。”

事过境迁，拿破仑穷于应付法兰西连绵不断的战争和此起彼伏的政治事件，最终惨败的拿破仑被流放到大西洋的圣赫勒拿岛，青年时代在卢森堡许下的诺言被忘得一干二净。

直到1984年年底，卢森堡人通知法国政府，提出了“玫瑰花悬案”之索赔。要么从1797年算起，以当时物价标准，一束玫瑰值三个金路易作为本金，以五厘复利计算全部偿还；要么法国政府在全国各大报刊上公开说明拿破仑是个言而无信的小人。

法国政府当然不愿意让一位曾经的法国统治者成为失信之人，这有损法国的声誉。于是，他们表示愿意赔偿。但是计算出来的数字让法国政府大吃一惊，原本三个金路易的“玫瑰花债项”核算出的本息竟高达一百三十七万五千五百多法郎。

如此巨额赔偿，法国政府当然难以接受，不得已只能接受另外一种赔偿方式：法国人在各大报纸上写下：“今后，无论在精神上还是在物质上，法国将始终不渝地对卢森堡公国中小学教育事业予以支持与赞助，来体现我们的拿破仑将军一言千金的玫瑰花许诺。”

当初，狂傲得意的拿破仑绝没想到，自己一时的肆意许诺会给百年后的法国人带来如此麻烦。这对于领导者也是警示，一个不能实现的承诺，对失望的下属来说是一大蹂躏，比没有得到承诺受到的伤害更大。

松下幸之助曾说过：“信用既是无形的力量，也是无形的财富。”领导与下属相处，重点要树立威信，而威信很多时候源于诚信。领导者要诚实可靠，避免说大话。要说到做到，不放空炮，做不到的事宁可不说。一言九鼎既是承诺的兑现，也是人品的表现，更是上下级相处的试金石。

许多领导者不停地告诫员工要说到做到，以确保良好、可靠的执行力，殊不知最应该切实践行说到做到的应该是企业的领导者。

东汉末年，天下大乱，群雄并起。世家子弟出身的袁术仗着祖辈余荫坐镇一方，也想趁机作为一番。当时，江东俊杰孙策屈事于他，为了激励孙策为自己卖命，袁术许诺他说只要攻下九江就让他任九江太守，但当孙策攻克九江后，袁术却因忌讳孙策势大而任命陈纪为九江太守。孙策无奈，只得咽下这口气。

后来，袁术为了让孙策去攻打庐江，又许诺说只要胜利就任命孙策为庐江太守。孙策授命而去，胜利而归。袁术却再次失信，把庐江太守的位置给了老部下刘勋。自此，孙策对袁术彻底失望。他借袁术征讨江东之机，请命领兵打头阵。袁术信以为真，满心答应。却不料，孙策率领父亲孙坚的旧部重臣东进，一路开疆拓土，势力越来越大，最终脱离袁术占领江东。而袁术因为不守信用失去了孙策，手下再无能人将士，最后穷途末路，吐血而死。

美国作家阿兰·道伊奇曼在其著作《说到做到：如何成为真正的商界领袖》中指出："真正的领袖都在行其所言，说到做到，更难能可贵的是，即使在危急时刻，他们还依然如故地言行一致，这种行为胜于任何的雄辩，为他们获取了不可动摇的声誉。"

对于管理者来说，不能遵守承诺时的任何借口都是无用、可笑的。乔布斯提拔副总时对他说："你与保洁员的区别在哪儿？当你是保洁员时，借口有用，而副总与保洁员的区别是，借口不再管用了！"在什么位置就要担什么样的责任，作为领导不要给自己的失信找借口，否则只能给团队埋下另一场"玫瑰花悬案"。

4. 批评犀利有利“治病”

常言道：“良药苦口利于病，忠言逆耳利于行。”要彻底解决企业团队里的形式主义、官僚主义、享乐主义、无目标主义以及执行力低下等诸多问题，犀利批评是一剂“良药”、“苦药”，甚至可以说是“速效药”。

史蒂夫·乔布斯是个典型的极简主义者，就像他不喜欢 iPod 上有多余的按钮一样，他更不喜欢让工作关系变得复杂。乔布斯认为直率就是简洁，迂回就是复杂，所以他做什么事都一定有话直说。

“广告狂人”肯·西格尔曾担任过 Next 和苹果公司的创意总监，与史蒂夫·乔布斯共事 17 年。在他入职前，乔布斯给他做过一次有意思的面试。

当西格尔推开面试的会议室门时，乔布斯立刻站起来微笑着表示欢迎，并握手问好说：“哦，我听说，你一直在给苹果做广告。”西格尔原先一直是苹果公司在洛杉矶的广告代理商的创意总监。

西格尔见乔布斯聊起自己间接供职苹果的事，感到轻松不少，因为经他手给苹果做的广告获得无数赞誉。但紧接着乔布斯直视着西格尔说：“我很喜欢你们做的电视广告，但文案简直是狗屁不如。”

这令西格尔顿时陷入如坐针毡的尴尬境地，“谢谢”是他从脑海中搜出了唯一可以应对的词汇。几个月之后，西格尔渐渐领悟到的就是史蒂夫做事的方式。他会直接告诉别人自己的想法，完全不顾别人的感受。但也让西格尔明白了一个道理：不管是成功还是失败，都要完全靠自己。

其实很少有领导能够真正做到开诚布公，尤其是下命令的时候。并不是说多数领导不够光明正大，而是在某些情况下，领导会考虑别人的感受，设法避免破坏和谐的氛围。但对乔布斯来说，这些都与他无关。无论你是敌是友，真理就是真理，他的意见就是他的意见，和他是否喜欢你、是否重视你毫无关系，与氛围是否和谐更是毫无瓜葛。

乔布斯从不粉饰批评，他认为只有犀利的批评才能让下属醒悟过来。批评要说实话，别绕远，无须下属再费神去解读你的话，诚心诚意地理解和接受批评，从而得到成长。

所谓批评犀利就是对下属敢于说真话、说狠话，敢于触及思想和灵魂。要一改以往上下级之间的一团和气，偶尔提几个不痛不痒的小问题，真正发挥批评的功效。

有一位著名杂文家说过："杂文要有刺，刺不一定是匕首，而是像针灸中的针刺，刺到穴位上，又酸、又胀、又麻，但很起作用，能治病救人。"写杂文如此，领导对下属的批评也该如此，要有锐气，要刺中穴位、点透实质。

只有犀利的批评才能触及痛点，才能促人警醒，才能使人改正缺点，达到红红脸、出出汗、排排毒、治治病的目的。毛主席也曾说过："批评要尖锐。不触及思想实质，不触及一点痛处，轻描淡写，模棱两可，是不能真正解决问题的。"

Facebook 创始人兼首席执行官马克·扎克伯格脾气火爆，曾因为对 Facebook 某项已经问世几周的功能的不满而将一杯水直接泼在了工程师克莱斯特·帕特南的电脑上。扎克伯格咆哮道："这些东西狗屁不如，重做!!"然后就离开了。显然，这样的批评是不对的，没有指出症结所在，这东西是狗屁不如，但是哪里不如呢，工程师如何重做，从哪里突破更是一头雾水。只有耍威风，没有实质效果。

想要做到批评犀利是有技巧的。首先，领导者要做到人人平等，切忌张口闭口“你怎么搞的”“你这么差劲怎么能活下来”等有伤下属自尊的话来打响批评的第一炮。任何人都会工作上出现失误，所以开展批评要对事不对人，不能进行人身攻击，更不可将其以往工作中的错误集中起来算总账。

犀利的批评还需要学会刚柔相济，言之有威。因为批评是一件严肃的事情，既不能轻描淡写，也不能草率从事，要认真对待，触及灵魂深处。隔靴搔痒的批评，不能解决实际问题。特别是对那些犯有严重错误，影响极坏而又屡教不改的人，不能采取轻软温和的言语进行批评，要采取严厉的语言和严肃的态度，一针见血地进行批评。

但是，批评不是为了整人，而是为了治病救人。这就要求领导在批评时，既要讲原则，又要讲团结，既要严，又要慈，刚柔相济，言之有威。

批评固然离不开高声调的语言和严肃的态度，但在有些场合、时间，一味的肃穆并非最佳选择。在这些情况下，适当的幽默反而效果更好，因为幽默不会让员工产生逆反心理，尤其是在大庭广众之下。幽默的批评更显犀利，能够使得员工形成思考，从思考中品味批评的哲理，深刻地认识错误。

批评犀利与否不在于用词，不在于字字珠玑，句句锦绣，而在于能否引导员工解决问题，帮助他们认识和改正错误或缺点，要力求语言中肯，措辞恰当，深入浅出，说理透彻，以理服人，使其口服心服。

5. 排除一切消极字眼

马云认为，创业者一定是乐观主义者，悲观的人是不可能创业成功的。乐观的人之所以容易成功，就是因为他们善于运用具有积极字眼，感染下属，激励下属，让整个团队充满正能量。

曾经有个公司购买了一块土地，打算建设大规模的公共设施。和其他计划一样，公司内部有人怀疑这项规划是否能够实现，他们总是在内部煽动说："如果不能得到更多的支持，如果没有更多的资金，这个计划一定会失败。"类似的话，甚至有人干脆断然表示此事不可能成功，诸如此类的消极语言此起彼伏。

这时候，有位投资人做了一件令大家惊讶万分并且改变众人思维的事情。他先是以投资人身份分得一小部分土地，然后他说要把那块土地作为"墓地"。他用围墙围了一片地，在里面放了三个小墓碑，并邀请公司上下在举行葬礼的时间集合，参加他为墓碑举行的揭幕仪式。

那天，人们发现三个墓碑都只有寥寥几笔，第一个墓碑刻着"如果"，第二个墓碑刻着"做不到"，第三个墓碑刻着"不可能"。投资人对着众人说："把可能使我们事业失败的语言埋葬在这里，静静地埋在这里吧!"后来，该公司的计划圆满实现了，并且在日后取得了令人瞩目的成绩。

神经语言程序学的主要发现者约翰·格林德和理查德·班德勒在对于成功者的分析中发现，他们有许多相同的特征，其中一项非常重要，那就是积极意义的沟通技巧。他们发现那些最成功的领导者能够迅速掌握问题的核心，并且把自己的看法和思路以积极的含义有效表达出去，他们经常使用一些积极扼要地短句或字眼，表达他们认为最重要的观点。

如果员工因为消极字眼而产生消极情绪，这类损伤就是非战斗折损，对企业来说，极为可悲。团队不需要无建设性的消极抱怨者，哪怕是领导也不行。消极字眼只会影响大家的绩效和心态，唯有积极的心态才能重新激活团队战斗力。

古人云："忧者见之则忧，喜者见之则喜。"当企业陷入困境时，工作推进遇见难度时，领导者难免会沮丧。但是作为上位者，你的沮丧不可以表现出来，不然只会影响原本斗志尚存的团队，使其受到极大的挫败感，掐灭团队转危为安的最后希望。

著名心理学家查尔斯·霍顿·库利有一段关于自我的定义："对每个人来说，他人都是一面镜子，个人通过社会交往了解到别人对自己的看法，从而形成自己的自我。"这个定义表明，他人的看法决定了一个人的自我感知。那么，在团队当中，上位者的看法是决定员工自我感知的第一要素。当你是积极的，员工可以是积极的，当你是消极的，员工必然是消极的，这是团队哲学中最基础的辩证关系。

"我真后悔把事交给你来办""你比某某差远了""我对你太失望了""你是干什么吃的""当初我就觉得你不行""你辜负了我对你的期望""你太丢我的人了"如果你对下属说的话里常常出现这些字眼，那么你就应该反思你是否太过消极了，你是否在不经意间伤害了许多下属的感情，乃至工作的积极性。

语言是带有心理暗示的，它是指人以言语的方式向个体发出信息，个体无意识地接受了这种信息，从而做出一定的心理或行为反应。俄国心理学家伊万·彼得罗维奇·巴甫洛夫认为："语言暗示是人类最简单、最典型的条件反射。""望梅止渴"就是积极语言暗示的典型案例。

三国时期，曹操率部讨伐张绣。时值盛夏，骄阳似火，万里无云，士兵们口渴难忍，行军速度明显变慢，更有甚者体力不支晕倒道旁。曹操见状十分着急，心想再这样下去不仅不能如期到达目的地，军队战斗力也会大幅度削弱。

他询问向导得知最近的水源地还有不少路程，曹操沉思一阵后，驱马赶到队伍最前列，佯装高兴地对士兵们大声说："诸位将士，前边有一大片梅林，那里的梅子红红的，肯定很好吃，我们加快脚步，过了这个山丘就到梅林了！"士兵们一听，不禁口舌生津，精神大振，步伐加快了许多，很快就赶到了水源地，缓解了这次队伍危机。

一句话说得积极了，便能让别人振奋；一句话说得消极了，便会造成负面连锁反应。英国作家乔治·奥威尔在他那本《一九八四》一书中，就阐明了这个观念：如果思想会影响语言，那么语言也会扭曲思想。

积极的人像太阳，照到哪里哪里亮；消极的人像月亮，初一十五不一样。领导者给团队什么样的暗示，团队就会投桃送李给他什么样的精神面貌。语言是看不见的武器，领导者应该学会积极思考，选择积极语言，杜绝使用妨碍团队成长的消极字眼，将其从脑海中完全清除出去。

6. 用肯定语气扭转时局

通用电气前CEO韦尔奇就曾说过："我的经营理论是要让每个人都能感觉到自己的贡献，这种贡献看得见、摸得着，还能数得清。"领导者的用词语气既可以激励、拯救甚至造就一个人，也可以伤害和毁灭一个人。当员工进行某项任务时，他最需要的就是上司对其工作成果和工作能力的肯定。善用肯定语气是管理的秘密武器，它朴素却很有效，时效性长又能增强员工忠诚度。

日本松下电器创立不久之后，创始人松下幸之助想去金泽市设立营业所，开拓新的市场。但是谁去主持这个营业所是个不小的问题，公司里有能力去主持金泽市新营业所的高级主管为数不少。但是这些老将必须留在总公司，否则会对总公司目前快速发展的势头产生负面影响。

经过多方考虑后，松下幸之助决定启用一位刚刚满20岁年轻的业务员担任新营业所的负责人。他把年轻人找来对他说："公司决定在金泽设立一个营业所，我希望你去主持工作。现在你就立刻去金泽，找个适当的地方，租下房子，设立一个营业所。"

年轻人大吃一惊，盯着松下幸之助说："这么重要的职务，我恐怕不能胜任。我进入公司还不到两年。年纪才20刚出头，也没有什么经验，比我强的人太多了。"年轻人脸上挂满了不安，他甚至有些怀疑松下的用意了，突然安排一位小职员去担任营业所的负责人，难道是某种测试？

松下却表情肃穆地对他说："世上没有什么事情是做不好的，

你一定能够成为一名好的负责人！想想看，历史上的年轻名将们，如加藤清正、福岛正则等，他们都是在十几岁的时候就战功赫赫了，拥有自己的城堡，统帅部下，治理领地老百姓。你现在已经超过20岁了，不可能做不好的。放心，你很棒，你可以的！”

听了松下幸之助这番激励人心的话，年轻的业务员最后坚定地表态：“我明白了，让我去做吧。承蒙您给我这个机会，实在光荣之至，我会好好去干！”他的神色和起先判若两人，显出感激与激动的模样。松下也感到很高兴，不久之后，他时常接到金泽市的来信。那位年轻的营业所负责人正在紧锣密鼓地筹备着营业所，一切都很顺利，未来的市场前景非常可观。

后来，松下电器在日本各地陆续设立了营业所，大都以这种方式进行经营。松下幸之助相信，一位优秀的员工只要得到了足够的肯定和恰当的激励，是可以完成一些有难度的事甚至从未接触过的任务。

人有了自信未必能够成功，但没了自信就一定不会取得成功，自信心可以说是获得成就感的基础。在团队管理中，下属的自信往往源自领导的认可。如果你常常用否定的语气对一位员工，那么你就不能奢望这个终日唉声叹气、缩头缩脑、缺乏自信的员工会有成就感，会干出漂亮的业绩，给团队带来帮助。

美国作家克劳德·布里斯托说过：“不断的肯定会形成信念。一旦信念成为深深的信仰，事情就开始发生了。”员工自信心的提高，会使员工对自我的把握能力加强。所谓自我把握能力即一个人对自己准确的评估与预见的能力。它会在人的内心产生一种躁动，产生一种向上的欲望，促使着人向更高层次冲击，向更完善的自我发展。

企业行为研究专家美国哈佛大学劳伦斯教授曾指出：导致员工业绩好坏的因素主要来自于对工作的满意程度和自信。一个团队中岗位很多，不可能让每个人都满意，但是领导者可以多用肯定的语气，让绝大多数员工都能自信起来。

马克·吐温也曾说过："一句称赞肯定的话，可以让我活两个月。"当团队成员在工作中出现失误或失败的时候，出色的管理者不会因为这些去对他持否定意见，更不会横挑鼻子竖挑眼的冷嘲热讽。如果是有能力但马失前蹄的员工，管理者不仅要在他面对困难时去用肯定的语气鼓励他，还要在他犯错误后巧用肯定的辞藻帮助他们重塑自信心，争取下一阶段重返胜利。

7. 以权威腔调讲话，增加说服力

现实生活中，"权威效应"是很常见的。譬如说，越是知名品牌请的代言人就越大牌，而且喜欢在中央电视台播放广告，就是为了借用大牌明星的人气和央视的权威性。人们会认为请的起大牌且能在央视做广告的产品一定很牛，品质肯定有保障。可以说，权威性的妥善运用足以引导或改变一个人对事、对人的态度。

在一个团队中，我们常常可以看到这样的现象：同样的话，有的领导说出来"一言九鼎"，有的领导说出去"一文不值"。问题主要就在于领导者说话的权威感。

曾经有位心理学家做过一个更换头衔来发表学术论文的有趣实验。他先是从过去一年到一年半之间摘选了十二篇论文，统统是由著名大学教授所写。然后，他讲这些论文的作者名、工作单位名称等权威性的代名词统统删除或修改，接着把这些论文重新投递给论文首次发表的期刊。

结果毫不意外，十二篇论文中足有九篇文章没有被期刊认可进入到评审程序阶段，更讽刺的是，其中的八篇论文被评审为不合格，直接退稿。

只是更换了头衔就让同一份论文获得天上地下的区别待遇，可见权威的重要性。同样的道理，当你使用权威的腔调去发表意见时，你会得到更多的注意和尊重，人们会优先思考你的话，是否比他们自身的思考要有道理。而当权威的话让人怀疑自我时，胜利者往往是权威的发言人。

事实上，人类还容易掉进“权威”的逻辑陷阱，不知不觉就被替换了概念。比方说A领导是B领域的权威，员工就很容易相信A领导所说关于B领域的一切都是正确的，甚至A领导讲的关于C领域的东西也是对的。

团队内部实际上是一个相对封闭的空间，很容易造“权威”。看那些著名的领导者，说出话来就有一种让人信服的权威之感，就是因为他们说话一言九鼎，从不说空话、大话、乱开玩笑，说的每一句话都有其分量所在，久而久之就形成了这份权威。

领导说话的权威感，不是靠呵斥、发脾气来树立，而是靠增加自己说话的分量。每一个字都要仔细斟酌，这样才能达到上行下效的目的。具体以说话稳重、简练、自信等为特色——

（1）言简意赅，长话短说。权威从不啰唆，给出的答案永远是简洁明了，意蕴深厚的。从不把一句话拆成十句话去说，反倒把十句话揉成一句话来讲。

（2）大牌最后出场。领导者要最后出场讲话，因为权威往往压轴。并且说话时把重点放在后面，更能凸显说话的分量。

（3）要有顺序和逻辑性。选择什么样的线索思路来整理说话顺序要视讲话场合和需求而定。比方说，动员大会要给员工打鸡血，所以说话顺序必须先抑后扬，逻辑性必须为激励人心服务。同时要注意吐字清晰、语速适当，并且忌讳古词语、中式英语、专业用词等，做到通俗易懂，才能广为接受和流传。

（4）说话时要坚定有自信，眼睛正视员工，这样才显得领导充满自信和权威。若领导讲话时不敢正视下属，连握手都有气无力，只能让下属觉得你意志薄弱，容易支配。

（5）讲话时要站起来，收腹挺胸。开头前不妨等上几秒，等大家都望着你的时候再说。

（6）有高度有内涵。领导讲话的实际内容必须要站在最高角度，并且具备内涵，不是毫无营养的大白话。

权威腔调需要一些辅助的身体语言来进行强化，效果会更加明显。当领导者试图以权威腔调说话时，他可以采取身体前倾，把手肘撑在桌子上，将手指头轻轻并拢，或者摘下眼镜，然后敲击它来强调你所想强调的论点。

一定不要采取身体向后仰，以典型的答辩姿态把双臂抱在胸前，或擦碰鼻子，清理嗓门，用手遮掩嘴巴，或将口袋里的钥匙或硬币弄得叮当作响。这些身体语言或者举措会显得人非常轻佻，失去了权威最特色的厚重感。

心理学家还做过一项实验，在给一大群学生讲课时，老师给大家介绍了一位从德国请来的著名化学家。该名德国教授在课堂上煞有其事地拿出了一个装有蒸馏水的瓶子，说这是他新发现的一种化学物质，有些气味，请在座的学生闻到气味时就举手。结果多数学生都举起了手。

现代管理理论之父切斯特·巴纳德说过："权威和权威体系的建立是管理工作的核心。"领导说话的时候必须拥有令人信服和遵从的高度权威，才能对下属产生巨大的号召力、磁石般的吸引力，以及强大的说服力。

8. 有时候，沉默也可以震慑群雄

美国加州大学心理学教授古德曼著名的沉默定律这样指出："沉默可以调节说话和听讲的节奏。沉默在谈话中的作用，就相当于零在数学中的作用。尽管是'零'，却很关键。没有沉默，一切交流都无法进行。"在团队管理中，有的时候沉默甚至可以震慑群雄，树立极大的权威，巧妙使用沉默是领导说话艺术高水平的表现。

法国波旁王朝最伟大的君王路易十四有一句著名言论："朕即国家。"但是他还有一句名言："我会考虑的。"路易十四素以少言寡语而闻名，这是他用来回答各种请求的最常用答复语。

其实，年轻时的路易十四口若悬河，富于雄辩。后来，他发现无论他如何雄辩，贵族和大臣们仍旧会为了各种鸡毛蒜皮的事情争吵个不停。起先，路易十四把他们都召集在朝堂上，倾听他们的意见，然而无止境的争吵从不停歇，始终无法达成统一意见，甚至路易十四的话都不能说服他们。

后来，路易十四学会了自我克制，他开始一声不吭。没有人能明了他的立场，或预测他的反应；没有人能用投其所好的语言来蒙骗他，因为人们根本就不知道他喜欢听什么话。路易十四发现，当他说的越多，越去试图争辩和说服臣下时，他的内心就会暴露越多。

慢慢地，宫廷上的争辩越来越少。贵族和大臣们会各自选派代表去觐见路易十四，把争论的议题和双方的选择意见向国王详细地禀报。路易十四只会静静地听着，脸上永远挂着令人难以捉摸的表情。等到双方陈述完毕，请国王做出决定时，他会看着臣下们说："我会考虑的。"然后就离开了。此后大臣和内侍们再也不会从他口中听到关于这个议题的任何话语，几个星期后，他们只能看到路易自己做出决定以及采取行动的结果。

正如法国政治家圣西蒙所说："没有人像他那样精于抬高自己的语言、微笑，甚至一抹眼神的价值。他身上的所有东西都显得十分珍贵，因为他创造了差异。他的威严也因为少言寡语而大大提高。"最后，路易的沉默寡言使他身边的人十分恐慌，任他摆布。这是他维持长达 72 年执政权力的基础之一。

美国艺术家安迪·沃霍尔曾说过："光凭语言让别人去做你希望他们做的事情，往往是不可能的。而当你闭上嘴的时候，实际上你才更有力量。"沃霍尔晚年的时候，说话总是含糊不清、模棱两可，采访者往往得绞尽脑汁去猜测其中的意思，想象在他那些毫无意义的语句中必定隐含着深奥的喻义。沃霍尔极少谈论自己的作品，他让别人去解释和理解。他知道，对自己的作品说得越少，就会有越多的人谈论它；他们谈论得越起劲，自己的作品就越值钱。

有智慧的人话语迟钝，话语迟钝可以迷惑敌人。称王的人不和人争辩，争辩会减少他的威严。勇敢的人并不多言，多言会使行动犹豫。对管理而言，话并不需要太多，有足够分量才是最重要的。适当的沉默会让你自然而然看起来显得更伟大和更有权势。

你的沉默会让团队成员感到不自在，他们无法拿捏你心中的看法，甚至为了洞悉你的想法，会试图以各种各样的观点或评论打破这种沉默，而这样就会把他们的弱点暴露无遗。而你的吐露的那些简短的话，会在他们内心烙下深深的印记，迫使他们重视并揣摩，由此不敢怠慢你和工作。

中国历史上第一位女皇帝武则天给自己立了一块无字碑，而不是像其他君王一样，在碑文上对自己生前的那点功绩大肆鼓吹。因为她知道，自己有丰功伟绩，也有各种毛病，与其自我评价一番，不如沉默，不贬不褒，待后人评说。这样的行为反而博得更佳印象。

俗话说："雄辩是银，沉默是金。"当一个人说得越少，就越有深沉和神秘感，也就创造了价值与权利。更重要的是，说得越少，说蠢话或者危险话的可能就越小。

犹太法典《塔木德》上说："应该由心来操纵舌头，而不应该由舌头来操纵心。沉默不会使人后悔。"学会克制，学会沉默是管理团队的一张好牌，因为当你制造沉默时，你就可有方法去打破沉默，主动权就更多的掌握在你手中。沉不住气的员工是最好管理的，因为他在明而你在暗，你把他看得清楚分明，他却琢磨不透你的想法，这就铸成了上下之间不对等的交流，促成领导者建立起针对下属的语言压制。

古人云："静者心多妙，超然思不群。"沉默并不是简单的指一味地板着脸，冷冰冰地不说话，而是一种胸有成竹、沉着冷静的姿态，尤在神态上更是要表现出一种优势在握的感觉。这样管理者就能轻而易举地逼迫对方沉不住气，先亮底牌，这本身就是管理的技巧，且是无成本操作的技巧。

越是急性格、沉不住气的人在沉默面前越容易被震慑，自乱阵脚。因为急躁的心情已经占据了他们的心灵，他们没有时间来考虑自己的处境和地位，更不会认真地坐下来思索真正的对策。沉默拥有无形的力量，并营造出无形的气场，极大地帮助了管理者去经营团队，管理好下属，成为他们的“路易十四”。

9. “就事论事”而不“就人论事”

企业管理中经常有这种情况：领导者把重要工作叫一个得力手下去办，然而并没有按时完成。该下属也很辛苦地在做了，这种情况下是批评还是不批评？很多领导者面对这种情况选择了做“老好人”，认为多一事不如少一事，因为实在不知道对工作了很久的元老级别的下属如何开口。

长此以往，团队内的纪律就被破坏，将无人再遵守，领导者的威严也将不被尊重。所以面对任何员工，都秉持着对事不对人的原则，凡事就事论事，就能创造出良好的气氛。尤其在批评人的时候，领导者更要讲究对事不对人，批评错误的事情，批评再严厉也不会被员工记恨在心。要让员工心里知道领导者并没有羞辱的意思，是帮助他们进步的。

领导者不因为人情而回避任何重要和难以处理的事情，但同时也要让下属知道，自己所做的一切，都是在检讨事，而不是在批评人。如果管理者能形成这样的对事不对人的管理环境，就能够更好地提升团队氛围。

《达成一致：无需让步的说服艺术》中强调了直接关注公司或团队所面临的问题，而不是关注代表分歧另一方的个人，否则只会让矛盾升级，并分散人们对问题的关注。书中提到的另一个观点就是人们往往会固执地坚持非此即彼的立场，而不是展开创造性的合作，寻找解决方案。主张必须把关注点放在问题的解决上，尽管是人导致了错误，也不要过分关注人的因素。这种企业管理上很值得被借鉴。

美国著名前总统林肯曾经每天都要面对送到白宫办公室的那些冗长复杂的报告，他感到很厌倦，但他不是以那种平淡的词句来表示反对，而是说："当我派一个人出去买马时，我并不希望这个人告诉我这匹马的尾巴有多少根毛，我只希望知道它的特点何在。"林肯并没有拍案而起对部下予以严厉谴责，而是含蓄地对报告的冗长提出了委婉批评。他对事不对人，用轻松的语言指出了问题所在，让被批评者的脸上不难看，因此林肯在白宫备受尊敬。

优秀的领导者不会因为下属某件事做错了，就认为这个人如何不好，以一件事来论及整个人，把下属说得一无是处，更不会说出羞辱人的词汇。而是就事论事，只论错事。习惯于就事论事的领导者可以引导下属情绪向上，

2002 年的时候，谷歌还未像今天一样家喻户晓，谷歌正面临着广告业务营收难题。然而初期投放的广告在页面设计中显示效果十分丑陋，谷歌创始人拉里·佩奇没有找相关负责人批评一番。他走进办公室，把谷歌右侧广告的显示效果打印在纸上，并贴在办公室的墙上，在这张纸最上面，他用大写粗体题了一句："这些广告太糟了。"这就是谷歌的对事不对人的文化，拉里·佩奇很严厉，但是会与员工们一起面对难题，而不是批评负责人了事，他相信自己的员工们有能力去完成艰难的任务。

事情是人做的，对人无情，会伤害对方的心；对事无情，才能让对方感受到自己的错误所在。对事要按制度办事，而对人却要讲

情面。如果对事无情，对人也无情，自然会遭到对方的反感，难以达成解决问题的目的。

制度是要通过各个环节配合形成的，而大部分小企业还停留在人情制中，领导者会随意批评、赞扬一个员工，而一个良好的制度就是要减少对人的依赖，提高员工的组织运转，这就是对事不对人的道理。在工作期间，就是领导和下级的关系，做错事就去处理错事的后果，明智的领导者不会对员工进行人身攻击，而是给员工找出错误所在。

对事不对人就是要让员工知道，领导者的每一句批评都不是为了让某一个人难堪，而是为了解决问题。领导者首先要有自我批评的能力，为员工展现出自己能把人与事分开，不要习惯做老好人，习惯了只表扬不批评，习惯了遇到事情躲着走，团队就不会进步。如果担心严重的批评引起员工的不理解，那么大可在批评过后与员工谈谈心，向其表明自己的真实想法，大都会得到员工的理解与支持。

第 4 章

让制度发威，铁的纪律才有铁的团队

Everybody should
be activited in a
good team

1. 心要狠，誓死坚持依法治理

常言道，小公司靠感情，大公司靠制度。如搜狐董事长张朝阳所说："100 人的时候还管得过来，公司大了之后，各个方面的问题都来了，各种各样的法律问题、政策问题都等着我处理，我忙不过来了。"没有规矩不成方圆，没有制度团队就是一片散沙。

1997 年，搜狐公司的茶水间里，贴满了他们崇尚的 17 条格言，其中包括："扁平化管理""流动结构""一万年太久""只争朝夕"等等。到了 2001 年，一直以来被信奉经典的"扁平化管理"和"流动结构"被拿掉了，也就是从这个时候开始，搜狐建立了新秩序，拒绝越级汇报，也拒绝没有计划的流动。

很多初创团队没有那么多规矩，是因为人少好管理，当成员越来越多时，没有制度就显得力不从心了。还有一些领导者对于制度的把控不够严格，导致团队空有制度，没有执行。制度形同虚设，这样是自欺欺人。大凡强势的领导者都会对团队的制度要求极为严格，要求成员都要遵守纪律，这样才能有良好的氛围。

世界第一的代工厂富士康领导者郭台铭是军人出身，他对于纪律的要求十分严格，而且他非常看重纪律的重要性。富士康的纪律众多，包括"不准吸烟""不能随意旷工、随意离开厂区"是基本纪律，其余还有迟到、效率低下等等细则规定，富士康从员工面试起便问：“能否适应严格的纪律。”到培训阶段，富士康不止教工人工作，更要教厂区内有哪些纪律要遵守，目的是从入职就培养员工遵守纪律的素养。

由此，有一些员工“受不了”纪律严格的生活，便离开了富士康。诚然，严格的纪律让一部分员工承受了很大压力，但是若没有严格的纪律，在几十万人的厂区，肯定会出乱子。尤其是制造业这样一个特殊的行业，产品生产都有一个标准，无纪律就无标准，所以制造业想要提高效率，提高制造标准，就必须依靠纪律。

郭台铭一直强调“治厂如治军”，重视纪律是富士康从上到下的风气。郭台铭经常视察富士康的厂区，稍有不满就会严厉地骂人。但是他不骂底层员工，只骂高管，经常把那些西装革履的高管骂得下不来台，就因为纪律没管好。

郭台铭说：“今天英特尔讲十倍速时代，基本功做好才能谈变化。微软讲创新，其实背后是纪律。所以我认为，如果今天你讲民主跟纪律，我认为纪律会比民主重要。不过，我们应该照顾员工，而且员工做错，要给他机会。鸿海的员工只要是因为想做事而做错，不会受罚。受处罚的都是不想做事的。”

莎士比亚说：“纪律是达到一切雄图的阶梯。”海尔公司总裁张瑞敏二十多年前刚到海尔时规定的第一条纪律，“不许在车间内大小便”。但是一部分人仅仅把这件事当作海尔当时管理水平低的依据，却没有注意到这件事在业界广泛流传的真正原因：张瑞敏先生从一开始就意识到纪律的重要性，并从一些涉及企业核心价值观而又比较容易的方面开始树立纪律的威严。

制度就是一切，打造严格遵守制度的团队是领导者的任务。没有制度，出了问题就很难办事。有句话叫“你不讲制度，别人就跟你讲条件”，没有制度很容易让员工得寸进尺，还找不到处罚他的依据。如果团队没有严明的纪律，那么，这样的团队也只能称之为乌合之众，根本不具备强有力的战斗力。因此，对于任何一个团队来说，必须制定强有力的规章制度来规范团队成员的行为，这也就我们所说的团队纪律。

对待制度问题上，领导者要够“狠”。制度要严格，执行要到位，谁触犯了制度就严厉惩罚，绝不留一丝私情，这样的“狠”才能换来团队的上下一致。

2. 领导要起表率作用：领导自律，团队自觉

古人云：“善为人者能自为，善治人者能自治。”清朝重臣曾国藩认为：作为统兵的主帅，自己的表率作用是非常重要的，只有靠自身的清廉有信，才能获得下属的拥戴。同样的道理，团队中的领导者要起到表率作用，一个自律、遵守制度的领导者，能够使团队也自觉遵守制度。

联想有一条规则，开 20 人以上的会迟到要罚站一分钟。这是一项很严肃的规定，任何人必须执行。事情很巧，第一个被罚的人正是柳传志原来的老领导，柳传志和他都感到很尴尬，罚站的时候他本人紧张得不得了，一身是汗，柳传志坐着也一身是汗。柳传志悄声跟老领导说：“您先在这儿站一分钟，今天晚上我到您家里给您站一分钟。”而柳传志本人也被罚过三次，其中有一次是

他被困在电梯里，咚咚地敲门希望有个人听到帮他请个假，可敲了半天也找不到人，出来后没作任何解释还是自觉地罚了站。

这就是柳传志，要求别人做的，首先自己做到；禁止别人做的，自己坚决不做。正是如此，他真正地发挥出领导的影响力。反过来说作为领导者连自己都做不到或不愿做的，要求下属执行自己的规则，那是没有一点点说服力的。

我们的绝大多数的企业领导者，都非常希望有一支高素质的员工队伍。但反过来，员工们也希望自己的老板能像个老板，是个事业上处处以身作则，靠得住、信得过的带头人。只有这样，员工们才会感到有奔头，死心塌地地跟着你。正如著名管理学家帕瑞克所说的："除非你能管理'自我'，否则你不能管理任何人或任何东西。"

领导的范畴一是靠话语，二是靠行动，也就是言传身教、以身作则。松下幸之助认为：要提高商业效益，首先老板就要以身作则，做好带头作用。一个老板告诉员工要加班赶点，自己却提前下班了，批评员工上班时间上网娱乐，自己却在办公室里打游戏，这样就很难服众。

制度是对所有人的，如果领导能够凌驾于制度之上，制度就变得形同虚设。领导者不遵守制度，员工即便遵守也是敬畏于你的权威，而非制度。所以领导者应当加强"自我要求"，树立榜样作用。有一些领导者会在企业内找特权，觉得制度在于员工遵守而自己不在范畴内，这样的想法就大错特错了。

领导者是制度的建立者，更是制度的维护者。领导者会通过以身作则地遵守规章制度，来展现制度的威严性，令员工信服。唯有领导者的带头遵守制度，才能换来下属的重视，用自己的行动来影响下属，是领导者的责任。

1989 年，王健林出任西岗区住宅开发公司总经理，公司只有 20 多人，没有公务车，唯一的交通工具就是租来的破面包车。办公室设在区招待所废弃的木楼里，楼下就是锅炉房，夏天上班第一件事就是先打两盆水洒在地上降温。办公桌和窗台常年都落满煤灰，下班回家时的面容与锅炉工没太大区别。虽然条件落后，但王健林要求严格："我们这个集体，我决定了你若不做，就罚款；对工作的基本要求就是令行禁止。"

王健林自信地说："一个单位精气神如何，风气正不正，关键在于一把手。我是万达创始人，但我依然坚持，我要求员工做到的，自己首先做到。论敬业，我每天 7 点多到公司，早来晚走，很少休息，是最勤奋的企业家。"

据说，日本"最佳"电器株式会社社长北川先生，为了培养自己对员工的影响力，他怕自己做出有违规章制度的事却没人敢说，他创立了一套"金鱼缸"式的管理方法——让所有员工都监管社长的行为，一旦有违反规章制度的行为就按规定接受惩罚。北川先生表示自己的一举一动员工们都看在眼里，他必须做出足够表率。

强势的领导者为了达到令行禁止的氛围，会把自己置于员工的地位，与员工一起遵守各种规章制度，犯了错也接受惩罚，而这样的领导者往往会被员工所尊重。

3. 规章原则大于情面

中国社会很讲究人情，在企业内部也会有很多人情存在，老员工与老领导的人情、新员工与老员工之间的人情等等。讲人情无可避免，但若在规章制度面前讲人情，那企业就离倒闭不远了。

不过多强调人情而贯彻执行力，会提高工作效率。反之，无论你有多么好的战略规划也无法发挥它应有的作用。但是，也有人质疑过分强调执行力的话势必会使员工产生反感情绪或是直接甩摊子不干。这就需要身为管理者的你学会如何去平衡了。

比如说团队里的重要员工违反了制度，领导者可能考虑犯错者有功劳在先就网开一面；老员工违反了制度，领导者考虑到辛苦多年的人情，也网开一面；新员工违反了制度，领导者考虑到初犯不懂规矩，再网开一面，制度的设置还有何意义？

大部分制度执行不到位就是因为人情，员工内部总是以人情为借口，相互“帮忙”违反制度。如迟到早退帮忙签到，溜出去玩帮忙望风等等。

执行力是纪律性的体现，没有纪律当然就没有执行力，更谈不上战斗力。企业如何完善整体规划策略？就是要采用科学、完善、规范的管理制度。而员工呢，则要遵从这些规章制度，否则执行力根本跟不上。

大多数领导者都要面临人情管理转向制度管理的问题，创业初期靠人情维持的团队越来越大，到了必须实行制度管理时就不能手软，一定要雷厉风行出手紧抓制度，把团队的不正之风扭转过来。

在老干妈创立之初，熟人的帮忙曾经给陶华碧很大的助力。当时她一个人撑起了整个企业，后来秉着熟人好用的想法也招了家乡一些知根知底的人。刚开始这些人干起活来也不好意思省力气，平时有什么需要加班突击的任务，陶华碧也可以很好地和他们沟通。但是随着老干妈逐渐壮大，“人情管理”的弊端开始凸显，不少人借着自己和陶华碧相熟，或者是老干妈的早期员工，开始通过不规范的做事方式为自己谋利。

制作老干妈辣椒酱需要大量辣椒，就有很多陶华碧的乡下老乡把自己种的辣椒送过来，其实这样不正规的散户不在陶华碧的原料采购清单上，不过人情上抹不开，陶华碧都会收下辣椒，而且价格上也绝不含糊。

但是有一次乡下一个老姐姐送了很多辣椒过来，结果公司质检部查出来辣椒里有小石子。这让陶华碧十分生气，她意识到人情要不得！陶华碧让大儿子李贵山建立了最初的老干妈管理条例，开始铺设老干妈的现代化管理制度。李贵山设立的制度既简洁又全面，譬如说“干活不能偷懒”“做人要踏实，不能偷东西”等。这些“语录”式的制度涵盖了工作的方方面面、为了保证员工按计划工作，李贵山设立了奖罚分明的制度，所有人必须严格按照规章制度办事。

没有规矩不成方圆，企业定下制度就不能当作是摆设，如果一个人不守规矩而获致宽容，那么则会有更多的人犯下同样的错。作为企业的管理者不仅要坚持正确的原则，维护公司的纪律，更要以身作则，严格执行。不论你为公司创造了多大的价值，不管你曾为企业贡献过什么，都不能游离于企业的规章制度之外。

所谓的人情化管理和情感化管理是两个概念。其本质的区别在于，情感化管理是以情动人、以情感人、以情励人；而人情化管理与现代企业制度是存在多处冲突的，即凭感觉办事，忽略了管理的残酷性，让管理者一开始就丧失了管理的主动权，失去刚性约束力。

喜欢讲人情的领导者是对自己的团队极为不负责任，因为每一次的“手下留情”，都是在为后来更大的错误埋伏笔。所以领导者的不讲人情，尽管会让员工觉得“冷血无情”，但却是对团队制度最大的维护，更利于带出纪律严明的团队。

4. 明镜高悬，玩平衡不如玩公平

有制度就要公平的执行。一个优秀的领导者会把控好团队制度的公平，维护制度的公正性。

在日常执行制度中，有一个“火炉理论”，作为火炉有四个特性：第一是警示性，就是火炉的熊熊火苗，告诫大家不能触碰；第二个特性是及时性，你去碰火炉，马上就会被灼伤；第三个特性是必然性，你碰了火炉，一定会被灼伤；第四个特性就是平等性，不管你是谁，只要碰了火炉，都会被灼伤。这四点是保证制度执行的要素。

柳传志曾经说过：“在公司里面，我对他们要求挺严格，大家还都信我。甚至离开公司的人，想自己发展的人，也不会出去说联想不好。这其中，我觉得有一点很重要，就是决不搞宗派，决不给自己谋私利。不仅是不谋私利，对人处世还要公正。今天我把 **A** 训了一通，明天当他发现，其他人犯了错误也一样挨训的时候，他就不会感到委屈。”

柳传志就是这样，他对自己的手下绝对一碗水端平，该批评谁就批评谁，不会因为不喜欢某个员工而严厉，或者偏爱某个员工而不批评。正因为如此，柳传志赢得了联想上下所有人的尊重。

领导者不公平公正难以服人，奖惩有偏颇，势必会造成下属间的不平衡，引发抱怨连连。一般领导者最常犯的错误，便是以事件的结果来论定是非，表面上看似相当公平，实际上却在员工心中留下不满，产生积怨。

聪明的领导者会想办法避免奖惩不公平的情况，像诸葛亮曾经在《出师表》里写道：“宫中府中，俱为一体；陟罚臧否，不宜异同；若有作奸犯科及为忠善者，宜付有司论其刑赏，以昭陛下平明之理；不宜偏私，使内外异法也。”意思是无论是哪里都要保证法律的一致性，触及法律的还要交给司法部门来定论，不要偏颇对待。

有一些领导者会根据自己的喜好来评判员工，进而把员工分成三六九等。时常跟自己的“爱将”沟通，给“爱将”更多的薪水和尊重，对其他的员工就不冷不淡地对待。这种做法极大地伤害了其他员工的内心，时间长了不利于组织的团结。

员工的内心是敏感的，他们会感受到自己被冷落、被忽视，会看到少部分同事得到了领导的全部信赖，这就会造成员工的心理不平衡。尽管某些员工可能工作能力不突出，但是聪明的领导仍然会在他的身上找到优点和价值，把所有的员工都看成是平等的，给予同样的尊重和机会，这才是胸怀大业的领导者魅力。

20 世纪 70 年代，日本伊藤洋货行的董事长伊藤雅俊十分艰难地“挖”来人才岸信一雄，岸信一雄来到了伊藤洋货行以后任总经理，重整了公司的食品部门，十年间使公司的业绩提高了数十倍，对公司可谓功勋卓著。

岸信一雄对于公司的崛起有重大功绩，还有十年的工作时间，也算是元老级人物了。然而伊藤雅俊却在那之后把岸信一雄给辞退了，引起了日本商界的一次震动。原来，随着公司业绩的提高，岸信一雄开始居功自傲，对公司制定的规章制度一律不予遵守，对公司的改革措施更持敌对态度，甚至故意阻止计划的执行，还对那些勤奋敬业的下属冷眼相对。在他的影响下，所有下属都消极地对待工作，整个部门的工作效率直线下降。

伊藤雅俊找岸信一雄多次谈话都不起作用，最终伊藤雅俊怒不可遏，将其辞退，并召开大会严厉地说道："秩序和纪律是我们企业的生命，我们不能因他一个人而减低整个企业的战斗力！"这一举动使得员工们都拍手叫好，纷纷恢复了工作的热情。

明事理的员工不会因为被领导者处罚而不满，但会因为对领导者处罚不公而不满。凡事都要讲个公平，企业制度也应当如此。

其实，一般员工对领导者的要求并不高，他们很容易得到满足，领导者只要做到了公平公正地对待每一位员工，准确、客观地评价员工的工作表现，他就很愿意服从管理。"一碗水端平"是老百姓常念叨的一句俗话，而这也正是领导的管理要诀。

5. 奖要奖得心花怒放，罚要罚得心惊胆战

多次被评为"全球最佳雇主"的谷歌公司十分注重员工的福利和奖赏。谷歌对待自己去世的职员甚至比一些公司对他们活着的职

员还要好。谷歌首席人力官拉兹洛·博克透露，谷歌不同寻常的“遗属福利”包括了在10年里每年向死者配偶或同居伴侣支付死者身前年薪的50%。

此外，谷歌在职员死后立即发放其应得的所有股票奖励。每个去世职员的孩子每月可领取1000美元补助直至19岁，如果是全日制学校的学生可以领到23岁。

国内的阿里巴巴也有类似奖金制度。马云为阿里巴巴制定了受限制股份单位计划，以此作为激励人才、留住人才的方法，让越来越多的阿里巴巴老员工、新员工手里持有股票，最终的结果是阿里巴巴在2014年上市，直接诞生了一万多名千万富翁！而在上市的那个月里，马云还拿出30亿元犒劳员工，有消息显示，阿里巴巴对员工的奖励超过600亿美元，

“在阿里内部可以说有一个共识——现金奖金是对过去表现的认可，受限制股份单位计划则是对未来的预期，是公司认为你将来能做出更大贡献才授予你的。”谈及阿里巴巴集团的股份相关的激励措施，阿里巴巴的相关人员说道。

不管管理学如何研究员工，金钱仍然是大多数员工们的最大需求，这一点无可置疑。有调查机构对2500名员工进行调查，尽管调查结果对于哪个激励物最重要有争议，但是他们都一致认为金钱应该排在第一或者第二位。

金钱除了具有交换价值之外，还具有象征功能，员工们会把工资、奖金作为一种标准，来和自己的投入进行对比，以判断自己是否受到了公平对待。而且当金钱出现差异化、增长化之后，就会产生激励的效果了，员工们会在心里得到满足。看上去领导者支付了

更多的奖金和薪水，其实他收获到的要更多，因为他收获到了一个忠心耿耿、干劲十足的员工。

员工富则企业富，加拿大一家顾问公司调查发现，公司每 1 元钱的福利投资可以达到 6 元钱的回收。无疑，随着福利项目的增多必然提高成本，表面上看似减少了企业的利润，但从长远来看却又为企业带来了更多的价值。

在华为工作标志着“高额收入”。在华为，只要是本科毕业，年薪起点就在 10 万元，这是招应届大学生的标准（从社会上特招过来的更高），至于工作一两年后达到 20 万元以上是很轻松的事。华为认为，高薪高奖金是对人才的挖掘，工作与生活紧密不可分，如果员工为生活担忧的多一些，工作上用心就一定减少。给他 3000 元，只能发挥 30%，给他 5000 元真的能发挥 100%，甚至 120%。让人尽可能少有后顾之忧，全身心全力地投入到工作中去，才能催生极大的生产力。

奖励可以引发更大贡献，惩罚可以避免重复性损失。重奖重罚的罚也很重要，惩罚要够力度，才能产生威慑力。奖励侧重于从正面上给人们以引导，而惩罚则有浓厚的强制色彩。大多数情况下，奖励属于锦上添花，但是惩罚却能为企业保驾护航。

惩罚要重，但不能滥罚，要针对一个现象或者一个员工重罚，让其他人引以为戒。大多数领导者都会用“象征性”惩罚，即惩罚力度很小，意在教育员工，一般情况下员工很容易再次犯错。所以惩罚问题上不能“从轻发落”，制度上如何规定就如何惩罚，甚至可以加一点力度，提高员工的犯错成本，并做到有错必罚，就能够大幅度降低员工的犯错率。

惩罚的原则有二，第一是绝不放过第一个以身试法者。再严明的规定、制度，也经不住员工一次又一次地违反、破坏。为了维护规定、制度的严肃性，领导者必须及时教育第一个以身试法者，从严处置，同时以此教育更多的员工。这种枪打出头鸟的惩罚方法可以将不良影响降到最低。如果对于错误不及时处理，势必会酿成更大的错误。第二是重点惩罚性质最恶劣者。如有好几个同时违反规定的员工，一律严加处罚，一来打击面过宽，起不到应有的教育、挽救作用；二来对工作和生产也会产生不利影响，甚至会因此而蒙受一些不必要的损失。

所以，要缩小打击面，扩大教育面，从若干个违反规定的人中，挑选性质最恶劣、影响最坏的一个，予以重点惩处。同时对其他几个情节较轻，认识态度较好的下属，给予适当的批评教育。这样做不仅能教育多数员工，而且也能使受到严惩的人陷于孤立的境地，从而切实收到惩一儆百的良好效果。

6. 制度要严谨，切忌朝令夕改

领导者出台管理制度时不严谨，没有经过认真的论证就仓促出台，经常性的朝令夕改，让员工无所适从。最后导致了好的制度、规定出台却得不到有效的执行。

战国时秦国的商鞅变法目的，就是矫正领导者经常改变政策而失信于民的错误。要想制度严谨，领导者必须切忌朝令夕改。

任正非有个非常有名的理论：在引进新管理体系时，要先僵化，后优化，再固化。任正非曾经在华为内部这样讲到：5 年之内不允许你们进行幼稚创新，顾问们说什么，用什么方法，即使认为他不合理，也不允许你们动。5 年以后，把人家的系统用好了，我可以授权你们进行最局部的改动。至于进行结构性改动，那是 10 年之后的事。正是因为这种对制度的尊重和始终如一的贯彻，才创造了华为的春天。

领导者的朝令夕改让员工摸不着头脑，无法工作，手忙脚乱，整天忙的都是收拾残局。如果制度稳定，员工就心情稳定，就会专心工作。只要制度是合理的，就不必经常去翻弄它。

领导者朝令夕改，使制度成了儿戏。造成领导者朝令夕改的原因有很多，如下所示：

第一，制定的制度不完善

如企业存在责权不分、互相扯皮、管理流程混乱、文件满天飞、表单重复烦琐等等问题，企业没有先在理顺管理体制上下功夫，而是今天听到一种新的管理方法，马上就在企业中开始推行，明天听到另一种管理方法，又马上开始推行，整个企业朝令夕改，企业成了四不像，进也不是退也不是。

第二，决策过程有问题

一些决策的发布过程可能有问题，比如数据的收集错误，做出了错误的判断，或者领导者过于依据自己的喜好做决定，就容易出现发现不对临时改正的问题。

第三，领导性格反复犹豫

这类领导者对于一件事情不能做出自己的判断，就算做出了决断也会反反复复地考虑尝试更好的方案。最终导致决策之后，仍然优柔寡断，反复地决策，反复地对下属下达命令。

严格执行下去才不会朝令夕改。领导者应当让制度执行的一线人员来充分讨论制度的可行性如何，只有大家高度认同了，制度执行起来才会顺畅，而不是互相扯皮。任何制度一定要与时俱进，不能一成不变，要在实践的过程中随时发现问题，随时修订，要满足发展的需要，这点很重要，要养成定期和不定期的制度检讨和修订制度。

领导者不朝令夕改，展现的就是自己一言九鼎的分量，展现的也是制度的威严性和可信性，哪怕在制度中必须要承受一些严重损失，也要咬着牙坚持已定好的制度和命令，这是一个强势的领导者所要展现出来的品质。从上到下打造一个值得信赖的制度，员工们对制度也会信服，制度才会得到严谨的执行。

7. 制度的生命力在于不折不扣地执行

任何制度都是好的，关键在于执行，如果不能执行到位，那么制度就形同虚设。执行力不强是现在企业团队的通病。

主要有三个方面的表现：一是工作安排计划在执行的过程当中，标准渐渐降低，甚至完全走样，越到后面离原定的标准越远；二是制度在执行过程当中经常执行不到位，有些工作甚至不了了之，严重影响了制度的执行；三是制度执行力度不够。执行人员越来越放松，最终使制度失去了公信力。

制度在精不在多，在于严格遵守，导致制度执行下降的原因有以下五点：

一是人的因素。制度是人制定出来的，制度执行的好坏，人是第一因素。有一些员工可能存在缺乏责任心的现象，他们对待工作漫不经心，做事粗糙大意，常常是工作部署下去了，员工行动起来却拖拖拉拉，总是耽误团队的进度。

二是缺乏全局观念和大局意识。有的员工不明白制度对于团队生命力的意义，没有公司的大局观，便随意执行规章制度，对自己有利的就执行，不利的就不执行。如此一来，制度就变得混乱不堪。

三是从众心理对制度执行力的负效应。制度执行中存在一个“破窗效应”，即大楼上的一扇窗户被人打破，如不及时修理，就会有第二扇、第三扇被打破。也就是说，当制度定下后，第一个打破制度的人没有受到处罚，那么很快就会有第二个、第三个不遵守制度的人出现。

四是制度的执行机制不健全，责任主体不明确。如果执行制度的部门做“老好人”，谁也不得罪，任何人的表现都能过关，这就让制度形同虚设。在制度规划中一定要分清责任主体，出了事情就能找到人负责。

五是制度的执行力缺乏有效的监督。没有监督就没有严格的执行，并不是所有人都是自律者，如果仅仅把制度的落实停留在会议上，那么制度永远不会有执行力。所以建立一套行之有效的制度监管机制，能有效提升制度的执行。

关于制度的运行有这样一个闭环规则：制度的制定——制度的执行——制度执行的监督——制度的补充完善、改进——制度的修订。

制度的执行不到位，首先要反思制度自身是否存在漏洞。制度并不完善，就会导致很多制度出台后都是应付式的。

其次是执行制度的配套制度是否完善，例如保障机制滞后，会使执行缺乏持续性，不少制度最后成了“挂在墙上”的摆设。

再接着，制度应当避免假大空，比如规定得太宽泛笼统，员工们在执行过程中无法把握标准。或者制度与实际脱节，领导者又没有及时地对制度进行修正和完善，员工们执行时完全没有可操作性，那么制度中就会掺杂进人为因素，或者因为监督机制不到位，制度也不能到位。

要知道，制度是动态的，如果制度存在缺陷不及时修补，就可能为破坏制度的人提供机会。所以领导者要时时对制度进行梳理和分析，与团队成员们讨论制度的发展，对现有制度进行自我修正，这是使制度保持执行效果的关键。

正所谓“喊出嗓子，不如做出样子”，在执行力上必须坚持严厉的手段，做不到就不要说，说了就要严格执行，这才是一个有纪律的团队表现。作为领导者，首先要带头执行规章制度，自己犯错也要接受处罚，器重的下属犯错更要严格处理，才能给人纪律严明的态度。

还有，领导者应当对制度的宣传教育工作有所重视，通过不断地宣传教育，让员工们领会制度的精神，不断增强制度意识，时间长了就会自觉养成执行制度的习惯。当员工们把遵守制度转化为一种行为规范时，制度就发挥了作用，不用人刻意提醒，员工们全都自觉遵守了规矩。

在监督机制上，领导者要加强日常督查、定期督查和专项检查。有监督才有执行的压力，员工们才能时时刻刻感受到领导在身旁的压迫感。领导者还要把制度执行情况纳入绩效考核体系中，尤其要对执行是否到位，效果怎样，原因何在等都要细化。可以把考核结果与具体的经济利益挂钩，从而及时发现制度执行的偏差，促进制度作用的有效发挥。

制度的生命力在于不折不扣的执行，而执行需要领导者的强硬手腕，随时加强对制度的管控与监督，并对违反制度的员工严格处理，这种“铁腕”原则会带来一个严格遵守纪律的团队，帮助领导者完成一个又一个艰难的任务。

第 5 章

不怕施压，让团队时刻保持危机感

Everybody should be activited in a good team

1. 会制造噪音的团队，才会磨出美丽的石头

乔布斯在 1995 年的那次采访提到这样一个故事，乔布斯请一个老人给自己的别墅除草，老人给乔布斯展示他车库里的磨石机，把普通、老旧、不起眼的石头丢进罐子里，倒点水，加点粗砂粉，打开马达，第二天打开罐子得到的是令人惊艳、美极了的石头。

乔布斯说，那本来只是寻常不过的石头，经过相互摩擦，互相砥砺，发出些许噪音，结果变成美丽光滑的石头，这件事他一直记在脑海里。乔布斯说："在我心里，这个比喻最能代表一个竭尽全力工作的团队。集合一群才华洋溢的伙伴，通过辩论、对抗、争吵、合作、互相打磨，磨砺彼此的想法，最终才能创造出美丽的'石头'。"

周鸿祎对此评价道："我的理解是，每个人的想法都不一样，好想法是争论中产生的。然而，公司变大后，团队会趋向于追求和谐。"有竞争才有争吵，有争吵才有改变，互相让对方的点子变得更棒，允许争吵和噪音，其实是让员工有机会接受磨砺的过程，这是一种典型的好的企业文化。有很多企业一团和气、没有争论，最后走向衰落，因为领导层根本不知道下面究竟出现了什么问题。

美国曾有一个濒临倒闭的钢铁厂，频繁更换了几任经理。第四个新经理上任，他发现在员工会议上无论做出什么决定，大家都不

会提出反对意见，怎么说就怎么做。经理对此很不满意，他想了个办法，他提出在会议中每一个人都要发言，并且都要提出反对意见，如果发现问题，谁的解决方案没人能够驳倒，这个人就可以负责该项目，并最终拿到相应的奖励。

从此以后，再出台任何新的任务，会议室不再是静悄悄的了，而是所有人都踊跃发言，争相对别人的提案进行反驳，双方你来我往，甚至还能争得面红耳赤。经理还立下规矩，在会议室怎么吵都可以，出了会议室就要达成对问题的共识，无论同意和反对都要按照共识去做，否则就要严厉惩罚。逐渐地，钢铁厂的效益越来越好，慢慢走出困境，甚至在几年后进入了美国最优秀的四大钢铁厂之列。

明智的领导者会主动为团队制造“噪音”，让团队成员相互争吵，不断地修正，优秀的领导者会主动掀起团队的“头脑风暴”，把所有的意见都激发出来，成员之间相互议论、争辩，争出最好的解决之道。

前通用汽车总裁艾尔弗雷德·斯隆被誉为通用汽车历史上最伟大的领袖，他曾在该公司一次高级层会议中说过这样一段话：“诸位先生，在我看来，我们对这项决策，都有了完全一致的看法了。”出席会议的委员们都点头表示同意。没想到斯隆接着说：“现在我宣布会议结束，此问题延到下一次会议时再进行讨论。我希望下次会议时，能听到反对的意见，我们也许才能对这项决策真正了解。”

一个月后，这次会议中提到的案子被否决了，斯隆却表示非常高兴。甚至还有一次斯隆跟一个表达异议的员工争论了起来，该员工一点也不给斯隆留面子，一番争论下来谁也没说服谁。会后，斯隆的秘书就说：“这位员工这么烦人，你为什么不解雇他？”斯隆说道：“解雇他？太荒谬了，他只是在完成他的任务。”

斯隆用这种方式不断地去改进自己的决策，这使他带领着通用汽车打败福特汽车，成为美国市场份额第一的汽车公司。

领导者由于位高权重很容易被“蒙蔽双眼”，下属或许会为了迎合而对任何决策都表示赞同，这就会导致领导者无论提出什么决策，下面的人都会带头鼓掌，纷纷表示赞同，这就导致很多错误、不完善的决策被实施。

这不光是善于听取不同意见，而是要主动寻求不同意见，这也就是在主动寻求更多的解决方案。多听反对意见，多从反面角度思考问题，让团队内部多出“噪音”，是对团队极为有益的事。

2. 王永庆的“午餐汇报”——“逼”员工进步

心理学有个著名的“豆芽菜理论”：人才的成长恰如发豆芽，豆芽放在湿布上，上面还必须要压上石头。没有石头的压力，豆芽长得又长又细，味道很差；有了石头的压力，豆芽才会长得又白又胖，味道鲜美。在管理学上对“豆芽菜理论”也有运用，领导者会用适当地压力“逼”员工进步，用压力产生良性的影响，形成员工的紧迫感，避免团队因为懈怠、懒惰出现问题。

台塑董事长王永庆在台湾是一个家喻户晓的传奇式人物。他把台湾塑胶集团推进到世界化工工业的前50名。关于王永庆的管理哲学最被人称道的就是他的“午餐汇报”，台塑的主管人员人人都怕“午餐汇报”，因为王永庆每天中午都在公司里吃一盒便饭，用餐后便在会议室里召见各事业单位的主管，先听他们的报告，然后会提出很多犀利而又细微的问题逼问他们。主管人员为应付这个“午餐汇报”，每周工作时间不少于70小时，他们必须对自己所管辖部门的大事小事了然于胸，对出现的问题作过真正的分析研究，才能够过关。由于压力过大，工作紧张，台塑的主管人员很多都患有胃病，医生们戏称是午餐汇报后的“台塑后遗症”。

领导者不逼员工，员工就不会有进步，因为当员工没有压力的时候，他们大都不思进取。大凡优秀的团队都有优秀奋进的员工，同时他们都有一个管理很严格的领导者，对团队进行严格把控，让团队一刻都不懈怠。

管理是盯出来的，努力是逼出来的，不逼员工，员工很可能沦为平庸。适度的压力可以使人集中注意力，提高忍受力和危机意识，减少错误的发生。

有些领导者采取放宽的管理政策，把工作分派给员工以后，就完全放心地等待他们主动向自己汇报。可是令人失望的是，主动自觉在最快时间完成工作的员工，实在是很少见的。所以，领导者在布置一项工作时，应该事先对工作完成的日期做出限定，加紧任务的紧迫性，才能使员工时刻保持紧张感。

以利益衡量得失，是一种颇有效的压力政策。领导者会向员工强调事情的重要性与得失，他们会用调职或解雇作为失败的代价，这是一种极重的压力，会使员工失去基本的安全感。但是通过种种管控手段，会让员工对任务极为重视，有责任感的员工，不需要管理者明白地指出来他该怎样做，他们自己便会给自己施加压力，将事情做好。

鞭策的方式包括口头上和行动上的，领导者可以随时询问工作的细则，但不是工作进度，因为已托付给员工的工作，不能时刻直接询问员工工作的进度，否则会令员工有被监视的感觉。另外在需要时刻提醒员工计划新工作，要他们做出实质报告，是鞭策员工的两大步骤，最后，一经通过确认是可靠的工作，就督促员工切实执行，这样便能提高工作效率。

对于一些自制性和自律性较差的员工，领导者必须不断地给他们安排新任务，引导他们订立新计划，执行管理者的指示命令，在同事的帮助下，齐心协力把工作做好。一位联想的高管人员说她这一生，要特别感谢杨元庆。这位员工一毕业就加入联想，她当时没有太多追求，只想着好好工作，而在杨元庆的团队里，杨元庆给她制定了一个很高的目标和要求，每天都要她汇报工作，跟她聊对工作的看法和未来的发展思路。她退缩的时候，杨元庆就鼓励她，经过艰苦努力，目标终于达成了，可还没高兴完呢，杨元庆又给她提出了更高的目标。最终，她在杨元庆的督促下完成了一个又一个目标，做到了联想很高的位置。

压力可以转化为动力，有压力就有动力。无动于衷是没有动力的，必须要靠压力提高团队的执行力。杨元庆运用的压力变动力的方法，适当地给员工压力，让他们自知不满，努力工作。对于领导者来说，做好员工的压力管理，一般有以下三点：

首先，绩效指标要科学化。

最能体现员工压力的表现就是他的绩效指标，而这个指标确立得是否科学，直接决定能否使其真正形成压力。指标过高，给员工过大的压力，会让他变得逃避甚至厌恶，这就适得其反。指标过低，还是缺少动力，达不到刺激员工的目的。指标的制定不能闭门造车，领导者要深入调查，与员工充分沟通，制定一个有难度但并非达不到的目标。让员工自我促进，能力自然就提升了。

其次，员工的个人压力向团队的集体压力转移。

意思就是说，员工应该有自己的压力，但是不要把所有团队的目标压在他的身上。员工个人的压力转移到团队上，会让员工更加有勇气和信心，他知道自己还有整个团队帮忙，这样既保证了员工身上有压力，又不使压力过大，使员工崩溃。

再次，压力策略要适时调整。

员工个体都有所不同，团队的目标也经常在变化，从这个角度上来说，领导者不仅仅要对员工完成目标的进度来关注，更好更具变化来调整员工的压力策略，帮助员工做好心理建设，挺住沉重的压力，最终得到成长。

3. 锯掉下属的“椅背”，清除惰性细胞

大部分团队都不能长时间地保持拼命奋进的劲头，在一段时间之后精气神就会衰弱，甚至出现惰性情绪，员工们开始变得懒惰，做事缓慢拖沓。在这种情况下就需要领导者对团队进行激励和管控，打消员工的惰性，在管理学上有一个经典的故事展现了此做法的意义。

美国著名的企业家克罗克，被企业界称为“麦当劳帝国的国王”。有一段时间，企业面临严重亏损，企业负责人经过深入调查，发现其中重要的原因是企业职能部门的经理官僚主义严重，习惯于靠在舒适的椅背上指手画脚，把许多宝贵的时间都耗费在抽烟和聊天上。于是想出一个绝招，把所有经理的椅子靠背全部锯掉。大家很快便悟出了他的一番良苦用心，纷纷走出办公室，到市场上去调研并解决问题，终于使企业起死回生，扭亏为盈。

一个懒惰的团队不会有任何出色的成绩，有的员工工作不力就是被这种惰性情绪所感染，并不是员工本身就是一个“懒人”，而是当团队气氛都死气沉沉的时候，就不会有人勤奋工作。所以首先要解决地就是团队气氛的问题。克罗克锯掉下属的椅背就属于清楚惰性氛围的做法，已成为管理学上的经典案例。

懒惰的员工几乎每一个企业都有，如何引导这些员工重回正途对于领导者来说的确不是一件轻松的事情。如果为了防止个别员工的懒惰行为而一味严格管理制度，不断加重对此类行为的惩罚力度，很容易将所有员工都置于不信任的地位，使那些努力工作的员工产生心理上的压力和委屈；如果对偷懒行为听之任之，而不去处理，又会降低领导者的威信，而且容易使偷懒行为不断蔓延。

员工懒惰，企业有很大一部分责任。要治员工的懒病，很多企业都单纯地靠“鞭子”，认为通过一系列的惩罚措施，就能够杜绝员工偷懒的现象。其实这只会让员工口服心不服。领导者首先要是一个极为勤快的人，才能给员工树立一个良好的榜样，不能领导者总是要求员工拼命工作，自己却在办公室享福。要扫除掉团队内部懒散的风气，仅仅领导者勤奋还不够，最重要的是从企业制度上找原因。

首先是组织架构不合理。有一些员工自身定位不明显，再加上企业的岗位与编制混乱，团队内部分工不明确，同样是一份工作，有人没活干，有人活干不完。时间久了就有人开始懒散对待，像吃大锅饭一样，开始糊弄了事。

其次是绩效考核体系出了问题。在缺乏科学透明的绩效考核体系中，考核机制形同虚设，人浮于事，大家都在一起混日子，反正是所有人都拿不到奖金，也没有个具体惩罚措施。所以当团队内出现懒散现象时，应当从改善绩效考核体系入手，为勤奋的员工提供保障，为懒散的员工掀翻最后的温床，干得多、干得好，得到的才更多，这是良性的绩效考核。

另外，员工觉得晋升无希望时，就会出现懒惰情绪，因为努力工作与消极怠工的结果都是在一个岗位做很多年，又何必努力。所以，建立良好的内部晋升机制，能够更好地激励员工，做得好自然有晋升机会，员工也就会努力工作。

管理员工的懒惰问题，最重要的是对症下药。懒惰问题上，老员工居多，刚入职的员工中也有。新入职员工出现懒惰主要是自视甚高的毛病，刚踏入职场眼高手低，觉得做事不需要努力就能做成，便懒惰懈怠。老员工则是因为长时间工作，产生了职业倦怠问题，对任务提不起兴趣。

人之所以存在懒惰情绪，必然是以安全感作为前提的，解决员工的懒惰情绪首先就要打破员工的安全感。人一旦失去安全感之后，必然会紧张起来，老员工懒惰的另一个原因是感觉到自己在公司里是有价值的，自己的工作尚不具备可取代性。换言之，要是自己撂挑子不干，在短时间内是没人能接起来的，这点也是构成了员工懒惰的资本。解决的思路也简单，就是采取一定的行动，让老员工明白，他们的存在与否对公司业务没什么影响，也吓不住领导者。危机感上来后，就会全力以赴。

领导者一般的做法是不断地招聘新人，让新人入职加入老员工的团队中去，或者成立新的项目组，体现出与老团队的区别，新团队的组建，将会对老员工产生直接性的压迫感受，最终促使老员工继续奋进。

很多年轻人员工常常在最开始对于工作充满热忱，但是由于工作方法的不恰当导致工作效率达不到自身的预期，这就会产生心理倦怠感。优秀的领导者会剔除掉团队内部容易产生懒惰情绪的“温床”，如宽松的制度，模棱两可的执行态度。加强对年轻员工的管控，甚至不会把办公环境弄得过于温馨，时刻打造出一个紧张的氛围，团队成员就能清除懒惰思维，奋力工作。

4. 引入“鲶鱼”，让团队“慌”起来

有一个挪威传说，来自深海的沙丁鱼捞上岸就会立刻死掉，这样渔民们头疼不已，但是有一位老渔夫捞的沙丁鱼从来都是活蹦乱跳的，大家都去请教，老渔民说：“这很简单，我每次都往它们中间放上一条天敌鲶鱼，它们因为害怕就会游来游去，就不会死了。”

这就是管理中的鲶鱼效应。在团队创业之初，员工们大都艰苦奋斗，然而一旦有了成就，员工们就容易松懈倦怠，追求稳定，不懂得积极创新。所以明智的领导者会为团队引入“鲶鱼”，让成员产生紧迫感，主动地动起来，加大内部竞争，形成“你追我赶”的风气。

鲶鱼效应作为企业激发员工活力的有效措施之一，已在企业人力资源管理中得到了广泛的应用。当一个组织的工作达到较稳定的状态时，常常意味着员工工作积极性的降低，“一团和气”的集体不一定是一个高效率的集体，这时候“鲶鱼效应”将起到很好的推动作用。一个组织中，如果始终有一位“鲶鱼式”的人物，无疑会激活员工队伍，提高工作业绩。

引入高素质、高能力员工加入团队，就相当于鲶鱼进入沙丁鱼

群，他们有着较强的业务能力和较强的个人感召力，周围的员工总是在关注着他们，他们的积极性、主动性都会通过言行去影响和感化周围人群，使他们不知不觉中能够仿效并追随，不断提高自身的工作绩效。

日本的本田公司对鲶鱼法则运用得炉火纯青。本田宗一郎曾经去欧美考察，学到了很多先进的知识，他回来后就立刻改革，他首先从销售部入手，因为销售部经理的观念离公司的精神相距太远，而且他的守旧思想已经严重影响了他的下属。本田宗一郎把松和公司年仅 35 岁的明星级别员工武太郎挖了过来，武太郎上任几个月后广受好评，员工的工作热情被极大地调动起来，活力大为增强。公司的销售出现了转机，月销售额直线上升。

从此，本田公司每年重点从外部"中途聘用"一些精干的、思维敏捷的、30 岁左右的生力军，有时甚至聘请常务董事一级的"大鲶鱼"，事实证明效果非常不错。

当然，鲶鱼效应也有其过度使用的消极作用。"鲶鱼效应"本是为了激励，但是引入的人才若过于突出，很容易造成其他员工的不满，他们会认为失去了晋升与表现的机会而消极对待工作。或者出色的人才总能完成各种高难度任务，这带给了其他员工过大的压力，长期下去使团队个人主义变得浓厚，这就使团队的战斗力下降了。

从外部引进的人才，其职位都不会太低，这就是我们常说的"空降兵"，"空降兵"会阻碍一部分员工的晋升机会，从而扼杀了某些原本就非常努力的员工的奋斗激情。对公司内部的一个小团队来讲，既然是为了刺激团队的活力，所引进的优秀人才在能力上就不会很弱，如果领导者再把握不住度，总是故意地把兴趣放到新人身上，势必会引起原有成员的不满，要是这种不满使原有成员变的更加消极，则引进“鲶鱼”刺激团队活力的结果就适得其反了。

引进优秀人才的目的在于刺激团队，而不是打击团队，如何运用好鲶鱼效应是个难题。引进的鲶鱼型人才需要全新的管理，不能对所有员工都适用一套管理模式，还要合理运用鲶鱼型人才的特殊性，让他们鞭策其他员工努力工作，这是鲶鱼效应的最大意义。

“鲶鱼效应”在企业管理中是一把“双刃剑”，员工们安于现状时，合理地运用“鲶鱼效应”，引进鲶鱼型人才，能够激发员工的工作积极性，提高工作的执行力。反之，当团队内部团结和谐、齐心协力时，再引进鲶鱼型人才，就会给团队带来不必要的猜疑，所以一定要在符合引用的条件下运用该法则。同时，过多的鲶鱼型人才还会破坏团队的根基，必须用科学的方式管理鲶鱼型人才，让鲶鱼型人才带动其他员工工作，加强二者之间的关系与沟通，才能更好地合作。

5. 带一个放大镜每天找问题

董明珠表示，指出员工问题是领导的柔情。董明珠说：“我批评他就是最柔的办法。拍拍他的肩膀说‘你不错啊’，这不是我擅长的。对吧？我看了问题，告诉你了，你应该感谢我，这是真正的柔情。看到你出了问题，还装作没看到，特别是作为一个领导来讲，这是不负责任的。某一个人做错了事，你心里想这次给他算了，他根本没有认识到这个问题，下一次错误更大，你就是害他，就这么简单。”

对于员工的问题要直接指出来，领导者不要每天坐在自己的办公室想问题，应当拿着放大镜到处找问题。当员工出现问题时，我们应该干脆地采取措施，直截了当地告诉对方，以制止利益的继续受损。比如，团队内刚招聘进来一个非常勤奋努力的大学生，可是经过几个月的适应期他还是不适应这份工作，那么我们就要明确告知，明确他问题出在了哪里，如果不能改掉，就要辞退他。

强势的领导者会一针见血地指出问题的核心，不会把事情从前因后果、起因经过都要说个明明白白。国外有一句谚语："当我问你几点钟时，你不要告诉我钟表的工作原理。"这句话的意思显而易见，谁都不会听另一个人的长篇大论，尤其这种长篇大论丝毫抓不到重点的时候。

强势的领导者会排除掉这些长篇大论，直截了当地抛出问题，指出关键所在。1981 年 4 月，年仅 45 岁的杰克·韦尔奇成为通用电气公司历史上最年轻的董事长和首席执行官。在杰克·韦尔奇领导通用电气公司的 20 年时间内，通用电气公司市值从 1981 年 120 亿美元增长到新世纪的 4000 亿美元，销售收入从 1981 年的 272 亿美元增长到 2000 年的 1299 亿美元。

杰克·韦尔奇刚刚接手时的通用电气一片死气沉沉，他决定进行变革。杰克·韦尔奇先是进行语言攻势："游戏规则正在改变，而且这种改变是猛烈的。我们有必要制定计划以及行动方案，以跟上一个完全不同的时代。日本人自 20 世纪 60 年代末 70 年代初以来已完成了从质次价廉到质优价廉的转变，并且他们的工厂、他们的质量、他们的纪律，接受变革，不要惧怕在某些业务上正在超越我们。"

随后杰克·韦尔奇对通用电气进行了大刀阔斧的改革。首先就是去除掉官僚主义，也就是无论你在公司做了多久，都不能倚老卖老，公司不会养你一辈子，“忠诚度不能取代业绩”。

这就意味着公司的“元老”们要放下手中的咖啡和报纸，也要奋战到第一线。

此外，他还会表现出不耐烦。有一次，他让销售人员完成一定的任务。几周之后，韦尔奇见到他们时询问工作进展情况。可是这些人没有什么进展可供汇报，只有大量的分析数据，韦尔奇立即表现得很生气，并且停止了会议，四个小时后重新开会，那几个销售人员在四个小时内所做的工作比过去几个星期还要多。甚至韦尔奇还规定：如果公司部门不能在所在行业取得数一数二的位置，该事业部就将被关闭或出售。

苹果公司的老员工曾说：“乔布斯在开会时的表现和他在发布会上的形象很不一样，他会很直接表达对产品的感觉，满意还是不满意都会直言不讳，他不会绕圈子，所以当时大家工作的压力都很大。”能指出员工问题的领导者才能帮助员工进步，有的领导者甚至会制造问题让员工去解决，不断地推动员工前进，团队才会有所成长。

6. 用斥骂鞭策个别员工进步

20 世纪九十年代，微软的保罗·艾伦和比尔·盖茨去加利福尼亚首次观看 iMac 的演示，乔布斯和 iMac 的核心工程师坐在一起，刚打开 iMac 一分钟就死机不动了，乔布斯顿时勃然大怒，他对着工程师骂道：“这是怎么回事！谁能解释这是怎么回事！这就是我们能给远道而来的客人展示的东西吗！我们最多只能做成这样吗？30秒就动不了！你难道是故意想要我难堪吗？”

曾有负责iPad广告制作的设计师，花了几个月制作出来的广告在乔布斯看来就是“狗屎”。乔布斯一方面向这位设计师大声吼叫：“你的广告烂透了。”另一方面却说不出自己想要什么样的广告。这让设计师很头疼，只好连续加班两周时间，拿出了12种备选方案。

乔布斯的批评都是针对错误而来的，有一次，当乔布斯看完苹果员工研发的Mac OS，控制不住自己的情绪，对下面的员工大吼道：“你们就是Mac OS的设计人员吗？”设计师们甚至都不敢点头，乔布斯用他一贯盛气凌人的口气喊道：“真是一群饭桶！”

乔布斯是这样解释自己为何这么粗暴严厉的，他说：“我的工作不是做和事佬。我的工作是领导我们这些出色的人才，不断予以鞭策，并且让他们做得更好，他们都是天才，必须采取更为极端的思路和手段。”

意大利著名政治家尼科洛·马基雅弗利说过一句名言：“君主应当让人畏惧，这比让人爱戴重要得多。”甲骨文的拉里·艾立森、微软的比尔·盖茨看上去温文尔雅，其实都不是性格温和的人，而是非常有脾气的人。

很多时候人们需要一个具有强大震慑力的领导，来鞭策自己。那些有脾气的领导往往有威望，容易做成事情，而那些没有脾气的领导往往得不到他人的重视，这就是因为在他的身上没有威慑力，员工们都不惧怕他，自然效率变低。

有些领导者碍于情面，不愿意严厉批评员工，这就导致团队纪律越来越松散。“留情”的批评就是给留瑕疵，批评不温不火，员工自然不会当回事，还会觉得领导者很“无聊”，没事找事。

对于有些疏忽大意或者故意失职的员工的批评应该毫不留情面，要让他们知道自己的错误有多么严重，并且也给其他员工一个杀一儆百的榜样，避免错误发生再次受损。既然选择了批评对方，就不要顾及情面，因为批评无论轻重，对方总要心生不满，已经决定做“坏人”了就不妨将“坏人”做到底，这样能够激起对方的好胜心理，能让他加倍努力把工作做好，就达到了批评的目的。

美国百万富翁基诺鲍洛奇说：“我对员工的斥骂有悖现代文明，也违反有关规则，但我还是喜欢用斥骂管理我的员工。他们并不怨恨我，我们的工作秩序也非常好。”批评的声音若是隔靴搔痒、避重就轻，或者是拐弯抹角很难达到批评的目的。

斥骂在生活中是一个不非常不好的对待他人的态度，然而在团队激励中却总能起到关键性的作用。当然，这种方式对于一些顽固不化的员工是不适用的，而且即使遭斥骂之后积极性提高的员工，也对领导者心存偏见。但是不管怎么样，总有一些员工在遭斥骂之后积极性大增。

当然，责骂虽严厉，也要讲究方法。

首先尽量不要当众斥骂。当众斥骂是最糟糕的做法，会让被批评的下属在众人面前丢尽脸面，非但无助于改善缺失，反而会心生怨恨，甚至会破罐子破摔地消极工作。最好的方法就是在办公室里私下斥骂，再严厉员工也能有接受的心理准备。

其次，不要用斥骂以权谋私。比如领导者对一个员工很不满意，就通过斥骂来撒气。要记住斥骂员工不是为了撒气，更不要为了骂而骂。斥骂员工时要表现出期待员工变得更好的希望，这样员工才能更好接受一些。

还有，斥骂要对事不对人，不要对员工进行人身攻击或者否定员工的未来。在斥骂前站在员工的立场想一想，不要出口伤人，不要说出“你这个混蛋”“你以后肯定没出息”“你的能力就是最差”这种全盘否定的话，以免造成更负面的心理影响，对员工成长不利，对团队氛围更加不利。

最后，斥骂员工不要翻旧账。斥骂就骂员工当下做错的地方，不要把过去很久之前的账翻出来，否则员工会以为领导故意针对他。针对员工总喜欢犯的错误，领导者要严厉提醒，帮助他对错误进行归纳，以变得更好为基准的斥骂，总会被员工接受。

7. 引导良性竞争，避免恶性竞争

运用鲶鱼效应，是个人对团队的激励，而想要团队有作为，还要在团内内部展开良性竞争。一个良好的团队必须要在内部有良性的竞争机制，引导内部竞争与优化，来应对外部环境的变化。

腾讯公司从小企业变成大型企业后，马化腾就发现团队越来越多，曾经多达 30 多个业务部门，管理很成问题，决策复杂，层次很多，关系不清晰，各个部门间的合作性也不是很强，马化腾花了大力气才整改成功。

从那以后腾讯内部一直有着“狼斗”的传统，也就是内部竞争、内部颠覆。马化腾曾透露：“微信概念出来的时候，有三个团队都在做。”所以，微信能够火起来并不是一时运气，更多的是一种“被追赶”的紧迫感。

马化腾说没有公司可以轻易地把桌面产品移植为移动产品，必须一步一步从头开始做。言外之意是微信与 QQ 将寻求差异化发展，同时又要保持两者不背道而驰，马化腾认为微信的出现是非常必要的，他说：“比如像微信的例子，看似是竞争，但实际上是一种演变，腾讯不去做，这个领域本身可能就会发生变化。从 SNS 到微博，腾讯希望能尽量跟随这个潮流去成长。”腾讯把微信和 QQ 做成内部竞争的案例，两拨人马都互相比着做产品，你出一个功能，我出一个更好的功能，最终的结果就是两款产品越来越优秀，这就是内部竞争的意义。

作为领导者，会主动为团队建立一个优良的团队竞争氛围，组成各个业务单元，激发内部的良性竞争氛围和适度的冲突机制，通过冲突来激发员工的工作斗志和激情。优秀的团队都有优秀的内部竞争传统，成员之间彼此对比，互相成长，互相学习，这样的团队氛围才能不断前进。

需要注意的是，内部的良性冲突是需要有一定的水平控制的，而不是简单地让内部员工形成对立冲突面，这样会导致企业内的大团队意识受到影响。竞争一定要控制在良性范围内，若是在恶性范围里，团队之间很容易做出过分的举动，彼此斗争、消耗，这样于企业整体是有损害的。

领导者要不断提醒员工们，消除小富即安、不思进取的安逸状态。很多企业赖以生存的市场会不知不觉地被竞争对手蚕食掉，所以危机意识是每个企业员工，尤其是领导人应该保持的基本状态。为了时刻保持这种危机意识，就需要在内部时时刻刻的竞争，良好的竞争才带来迅速的进步。

企业内部既提倡合理有效的冲突机制，避免一潭死水，又要控制冲突的水平，避免恶性的冲突矛盾影响企业内部的工作配合和团队效果。因此，建立良好的沟通机制，界定好沟通的方式方法，有助于事先预防这种可能的冲突偏激情况发生。领导者要对竞争的团队时时监督，防止过分的竞争产生，一旦产生就立刻制止，对双方进行疏导和干预，把竞争氛围始终保持和谐。

领导者要鼓励团队之间在协作的基础上进行良性竞争，把竞争与协作融合起来，光有竞争容易变形，加上协作的话就会让团队之间加深彼此的了解，同时还能激发彼此超越的兴趣。竞争可以分为对抗性竞争和非对抗性竞争，在作为诱发冲突手段的时候，不能采取恶性对抗性竞争，以免使竞争双方展开你死我活的争夺，这就违背了引入竞争机制的本意。

第 6 章

硬性考核，有业绩才有价值

Everybody should be activited in a good team

1. 不要拍马屁，有本事拿出业绩

有的员工会跟领导者诉苦："我没有功劳也有苦劳啊，我每天按时上班，拼命加班，遵守纪律……"是啊，这样的员工很棒，但是任务没有完成，领导者凭什么给他发工资。

现代管理学中工作以结果为导向，一个员工拼死拼活、熬了很多夜，但是工作没做好，领导者会感到欣慰，但是欣慰毫无意义，最重要的还是要把工作做成。所以该惩罚还是要惩罚，平时拍不拍马屁无所谓，工作有没有加班到深夜无所谓，每个月给领导者拿出最好的成绩，这是领导者想要的。

什么是执行力？能拿出结果的能力就是执行力。优秀管理者的思维方向和管理模式，可以归结为一种简单哲学，即关注结果。企业的管理之道就是只看功劳不看苦劳。领导者若是只看苦劳，那团队里每一个人都挺辛苦的，就是工作从来没能完成。

尽管领导者只看结果这种方式不会讨人喜欢，但他们总是因优异的成绩单受到股东的青睐，原来讨厌他们的下属也觉得跟着这样的领导者，虽然有时受不了，但是最终不仅得到了经济上的实惠，也获得了个人的成长。

在中央电视台《赢在中国》的比赛现场：

评委史玉柱对一个选手提问道："如果你是老板，你有一个项目，分别由两个团队实施，年底的时候，第一个团队完成了任务，拿到了事先约定的高额奖金，另一个团队没有完成任务，但他们很辛苦，大家都很拼，都尽了力了，只是没有完成任务，你会奖励这个团队吗？"

那个选手回答说："因为他们太辛苦了，我得鼓励他们这种勤奋的精神，奖励他们奖金的20%。"一个选手说："那我得看事先有没有完不成项目怎么奖励这个约定，没有约定就不给。"还有一个选手说："我得看具体是什么原因导致他们没完成任务，再做奖不奖的决定。"

史玉柱说："我不会给，但我会在发年终奖的当天请他们撮一顿。功劳对公司才有贡献，苦劳对公司的贡献是零，我只奖励功劳，不奖励苦劳。"

在对待员工的待遇上，强势的领导者不会看谁能拍马屁，更不看谁平时忙里忙外特别会装样子，他们只看最终结果，再响的马屁也顶不上出色工作的十分之一，

史玉柱表示，对爱拍马屁的人深恶痛绝，因为一个有本事、心理健康的人，都不会去拍领导马屁；心术不正、想不劳而获的人，往往喜欢拍马屁。做脑白金时候，史玉柱公司文化上有一个规定，如果下级当上级的面说上级好话，当场罚款五百。现在，巨人也先实施三个月，拍马屁的当场罚款五百块。

原因很简单，只看成绩，不看马屁和辛苦，对所有人最公平。企业内不是一个处处充满温情的地方，企业要讲业绩，否则拿什么

养活众人。强势的领导者不会因为被拍马屁就给对方高工资，更不会因为某员工每天特别辛苦就发高工资，因为这对其他真正出成绩的员工不公平。一个人拍马屁不干活拿到了最高工资，其他人就不会努力工作，全都来拍马屁了。

所以强势的领导者会用不近人情但最公平的方法，一切以成绩论英雄，最辛苦的员工至多一个安慰奖。建立一个绩效制度，把团队成员都置于其中，只论成绩说话，对成绩不好的员工可以帮助其提高，这就非常公平。能者多劳，多劳多得，让拍马屁和装忙碌无所遁形。

一位美国企业家说过一句话："不要告诉我分娩有多么痛苦，把孩子抱来给我看看。"这句话简单直接地说明了这个道理，想要打造出一个公平向上的团队，就要紧盯他们的成绩。所有人都为了最好的成绩而努力，而不是想着法地拍马屁，这样的团队才有战斗力。

2. 绩效考核面前，必须人人平等

绩效考核基本上每一个公司都有，但很多公司做得都不够完美。原因在于他们忽略了绩效考核的一个重要原则，那就是人人平等。绩效考核不公平，有偏颇，那就失去了存在的意义。让功劳很少的员工拿最高的薪水，让出力最多的员工得不到认可，会引起其他员工的不满，甚至可能以消极怠工来对抗。

公平的前提就是把所有人都放在平等地位对待。很多公司都有老员工和高管，有一些公司的考核体系都会对老员工有所照顾，如工作满一定年限就可以获得额外的福利，这些措施对于吸引员工长期安心工作是有一定帮助的。

但是在工作成绩上不能将就情面，一些老员工不思进取，凭借积累的人脉与资源，即使在公司混日子，收入可能也比拼死拼活工作的新员工要高。这就导致了绩效考核的不公平，对于新员工来说，这就意味着自己多么拼命努力都比不过早来几年的老员工，自己何不也安稳混几年成老员工算了。华为曾经让工号靠前的七八千人辞职再重新签约，让老员工变新员工，就是为了防止不公平的发生。

还有高管问题，绩效考核体系不能只针对底层工作的员工，也要适用于所有团队成员，高管的成绩不好也要受到惩罚。高管是带领团队的人，不能成绩不好就惩罚旗下员工，高管却高枕无忧，这依然是不公平的现象。如通用电气集团下属 NBC 的总裁安迪·莱克说："CEO 杰克和我已经是 8 年的老朋友了，我们的妻子几乎天天见面。但是如果我开始走下坡路，做了 4 个令人难以置信的愚蠢决定，我知道他一定会炒我的鱿鱼。他会拥抱我，说他很难过，'而且你可能再也不想与我共进晚餐了'。但是，他对我的解雇却不会有半点的犹豫。"

领导者在打造绩效考核体系时，应当从两个方面去打造，一是技术层面，建立一套严格、透明，能被广泛接受的体系；二是从绩效文化角度打造出公平的威严，这样才能被广大员工所接受，领导者才会拥有一个高效的、简单的、顺畅的、低成本的，普遍被员工接受并不对公平性置疑的绩效考核方案。

绩效考核是把双刃剑，它既可以改善组织的绩效，同时也可能是组织的绩效向不好的方向发展，搞不好是要伤到企业，索尼公司就是个例子。

索尼曾经建立过一套绩效考核体系，经过绩效考核之后产生的不是内部竞争，而是内部斗争，互相争利。因实行绩效主义，索尼公司内追求眼前利益的风气蔓延。这样一来，短期内难见效益的工作，比如产品质量检验以及“老化处理”工序都受到轻视。索尼公司不仅对每个人进行考核，还对每个业务部门进行经济考核，由此决定整个业务部门的报酬。最后导致的结果是，业务部门相互拆台，都想方设法从公司的整体利益中为本部门多捞取好处，多得利益。

没有新老员工之分，也没有职位高低之别，在绩效考核面前，每一个员工都是一张成绩单，员工用成绩单换自己的工资单，这种公平的做法会赢得所有人的认可。绩效考核是一个整体的体系，实施过程中还需要不断改进，才能找到真正适合自己团队的考核体系。

3. 给好处原则：“不轻给、不滥给、不吝给”

优秀的领导者会对员工进行奖励，对员工的出色成绩给予肯定，激励员工继续前进。但是给好处是一门学问，给多了不合适，容易养成员工的坏习惯，给少了员工提不起兴趣，觉得老板吝啬，经常给又惯坏了员工。所以，给员工发放奖励要讲究很多技巧，一般给好处的原则是：不轻给、不滥给、不吝给。

奖金也不能经常发，三天两头就发奖金，一是财政压力比较大，二是员工们会变得懈怠，天天就等着拿好处了，无论工作如何都有好处拿，还哪里有斗志。这就是发奖金原则之一“不轻给”，奖金不是月薪，经常发的话就没有奖励的意义了。

发奖金决不能“看心情”，随意发奖金很容易造成偏颇，引起其他人的不满。比如有的员工工作表现并不好，却通过其他方法赢得领导者喜欢，领导者就给他很多好处，其他辛苦工作的员工看在眼里又作何感想。这就是发奖金原则之一“不滥给”，一定要在员工做出贡献的情况下发放奖金，把奖励给有贡献的人，其他员工才能信服。

既然决定为某个员工或者团队发奖金，那就不要吝啬，吝啬的奖金比不发还要更打消人的热情，要给就大方一点。发奖金的目的是让员工保持热情，让员工高兴，所以多给一点奖金，总比给很少的奖金好得多。员工也会明白领导者的新意，从此更加卖力工作。

史玉柱在自己的管理理念中，一直把奖金当作重要手段，他不仅用高薪吸引人才，还经常给员工发放奖金，高额的奖金总能让员工欢呼。在当年脑黄金疯狂销售后，史玉柱按照规定将对完成任务的经理兑现奖金，其中江苏和浙江分公司的两名经理个人奖金累计近 40 万元，当时全国的其他企业可没有这么多的奖金。然而在集团会议上，财务发现有几个分公司存在回款作假的问题，表示奖金不能这么快就发出去。

摆在史玉柱面前有两条路，要么按照制度处理问题，要么继续树立榜样发奖金，史玉柱最终力排众议让财务把沉甸甸的奖金搬进表彰大会，全场掌声雷动。这时史玉柱发话了，他说：“能者多得，只要能为巨人做出贡献，不拒绝索取，要在巨人内部培养一批富翁。”在这段时间内，员工们受到了极大的感染，拼命地工作、加班，而史玉柱也不食言，动不动就发几千元的奖金，员工的热情更高了。

脑白金时期，员工们疯狂地工作、疯狂地加班，史玉柱经常会在员工加班的时候动不动就发上几千元的奖金，让人惊喜不已。史玉柱对于奖金看得清楚，他认为只要技术能力强，就应该得到奖金。后来，做网游时，史玉柱将这套模式运用到了游戏团队中，他说：“游戏团队的薪水我不管，由管理层定。工资是一事一议，开多少钱评估一下，值得就给，不受任何制度等级限制。”

在给员工奖金的问题上，领导者应当多加思考，适当才是奖金的标准，过多的奖金滋生员工不劳而获的思想，过少的奖金让员工觉得吝啬。有的领导者发了奖金还惹得员工不满意，这就得不偿失了。要注意的是，莫让奖励变成一种惩罚。奖励的金额变得越来越低，奖励的标准变得越来越高，奖励就已经成为一种惩罚。这个时候企业内部最容易形成对组织毫无意义的非正式组织，员工会用自己的形式来进行对抗和保护，例如降低产量和减小业务成交量。奖励的作用是激励，而不应当成为一种惩罚，因此在进行奖励计划设计时一定要注意这种转变。

还有一点，给奖励要即时化，有一种马拉松式奖励属于很长的时间周期，在这个过程中员工很容易把激情消磨殆尽。根据“近因效应”，人对于最近事情的记忆远比中期和远期的事情深刻，如果时间拖得越长，效果就越不明显。所以受激励的员工因为时间太久都有些淡忘了，再提起来，也只是淡然一笑，已没有当时的喜悦和幸福感。古人也讲“赏不逾时”，奖励不能错过最佳时机，承诺的奖励立即就给，员工的幸福感才最高。

4. 规避绩效考核的大锅饭现象

绩效考核要一视同仁，对所有人都平等对待；但是绩效考核标准不能完全统一，所有人都用一个绩效标准是不可取的。因为员工能力有高低，任务难度也有高低，不同的员工尤其是不同部门、不同工作内容的员工，最好不要用同一个绩效标准。有很多部门的工作并没有直观的指标，就很难用业绩来衡量标准。

绩效考核的大锅饭现象会带来许多不良的影响：首先，员工干好干坏一个样，既打击了高绩效员工的积极性，又助长了低绩效员工的惰性；第二，人人得高分，意味着每个人的工作都很优秀，这使得绩效考核作为绩效改进工具的作用没能发挥，偏离了绩效考核的初衷。

出现绩效考核的大锅饭现象，应首先从考核体系上找原因。由于绩效考评体系指标设立得不够合理，由于考评的方式方法并不适合该部门、该岗位员工的具体情况，这会让考核变得不公平且不科学。

来看一个案例：广东奥爱公司是一家生产家庭娱乐产品的外商独资企业，近几年开始主攻国内市场，他们聘请了一个叫许非的人做副经理，负责考核业务。许非有一个原则：队伍扩大，待遇降低，成本不变。他把员工分成四等，从上到下，如果员工当月的绩效考评分数能够达到平均数，那么就能拿到该职位的平均绩效工资；如果超出或者低于平均数，那么绩效工资根据相应比例发生变化。

很多老员工感觉到自己的收入降低了，拿到平均分也没有原来高，新员工也觉得跟最初承诺的薪水不一样，心里也不满。逐渐地，员工们的分数越来越差，最终考核体系失败，许非引咎辞职。建立绩效考核体系的方法大同小异，但是关键点往往就藏在其中，稍有差错就可能导致考核体系的失败。

一、采用定量化的指标衡量员工的业绩

通过设立完全量化的 KPI 考核，通过数据来进行考核，从而避免绩效考核由人来打分所带来的主观影响。当然，这要在适用的部门里进行，对于一些业绩很不明显的部门就要另行讨论考核的标准。绩效考核“大锅饭”表现的另外一个形式就是考核与工作的不对等，很多企业在绩效考核中往往采用的是任务型考核，主要包括对质量、数量、时效、成本等指标来进行考评，这种任务型的考核因为简单容易操作，所以短期的效果会非常明显，可是员工的工作是长期性的，这种任务考核往往是短暂性的，长期目标不能得到保证。

完全定量化的标准来衡量员工的业绩，能够避免绩效中主观的人为因素，保证绩效考核的公平与透明。

二、采取双向监督机制

大部分变成大锅饭的绩效考核体系，就是因为监督不到位，考核越来越随意，甚至考核人员自恃大权，操控考核结果，这就使绩效考核变了味。员工们也会因此不满，极大地伤害了积极性，对绩效考核失去信任，甚至会导致人才流失。

建立良好的员工反馈系统，避免考核人员的不公平显现。一般每6个月一次的员工满意度调查，可以委托第三方、匿名，排除员工顾虑，将每个部门的员工满意度和部门管理者的综合绩效评估挂钩。

三、使用积分制管理模式

用积分和经验值对员工的能力、价值进行全方位的量化考核，并将积分和员工的基本薪酬相联系，用软件记录和永久性使用。这种方法可以弥补因部门不同、工作不同造成的工作差异，尽量使每一个员工都得到公平的考核对待。

四、进行二次考核

如果对考核结果有疑问，可以试着进行二次考核，由领导者亲自监督与管控，确保考核过程中没有失职的地方。

绩效考核体系并不容易建立，领导者要与团队进行多次沟通协商，建立一个良好的考核氛围，通过不断摸索，不断修正考核的体系，就可以达到很好的效果。

5. 别忘了，员工多数时候需要以薪换心

领导者与员工的关系，需要以诚对待，互相尊重，但是不要忘了，员工始终是要为了赚钱的，领导者需要以薪换心，给优秀的员工创造的价值对等的薪水，决不吝啬，才能得到员工的信任，才能留得住人才。

华为“大佬”任正非认为“高工资是第一推动力”，在任正非眼中，华为是“三高”企业：高效率、高压力、高工资。他坚信，高工资是第一推动力，重赏之下才有勇夫。华为对员工们敢花钱是出了名的，新员工正式上岗前的内部培训期间，工资、福利照发不误。华为曾经提出：“不敢花钱的干部不是好干部，花不了的要扣工资”“省钱的不是好干部”等等理念，鼓励员工在该花钱的时候一定要舍得花钱，对重点客户的投入不惜血本。1996年，华为在开发上投入了1亿多元人民币资金，年终结算后发现，开发部节约下来几千万。任正非知道后说了一句话：“不许留下，全部用完！”开发部最后只得将开发设备全部更新了一遍，换成了最好的。

联想柳传志也抱有同样观点，在20世纪80年代联想最困难的时期，柳传志咬着牙拿出来10万块钱在山东聊城办了一个养猪场，让自己的员工能够吃上肉。在年金制度上会配比10%—20%的奖金，等到员工退休的时候，能够有一笔退休金，这样员工就可以过很好的生活，如果这个员工在5年以后辞职离开联想，他会觉得联想是一个很

好的组织。

试想，一个公司，即使有再豪迈的精神鼓励，没有了实实在在的物质支持，怎么会留住人才呢？雷锋可以做好事不留名、不要报酬，但是企业员工需要养家糊口，用自己的劳动赚取收入，这是天经地义的事情。理想不能当饭吃，在跟员工谈理想之前，一定要让员工吃饱、吃好。

杰克·韦尔奇说，工资最高的时候成本最低。以最起码的加班费为例，很多公司加班没有加班费，员工们敢怒不敢言，换个角度想想，公司确实省下了一笔加班费的开销，但是员工加班没有热情，白白磨洋工一样是效率低下，加班毫无意义，反倒是增加公司的成本。控制成本是企业的重要项目，但从员工上入手不是长久之计。最早用高工资节省成本是福特汽车，当时美国工人平均工资为每日二至三美元，面对“招工难”，福特汽车公司反其道而行之，实施了每日五美元工资制。结果就是福特汽车迎来大量人才，其汽车产量、销量不断翻番。

一个聪明的领导者一定要清楚地意识到，企业做得越大越不是自己的。企业财散人聚，财聚人散是一个永恒不变的真理。老板只有不断地让一部分员工富裕起来，亿万富翁的老板要想尽办法培养千万富翁的经理，千万富翁的经理就会想尽办法培养百万富翁的员工。员工才会对企业产生更大的凝聚力，否则员工看到的是企业赚的钱都被老板收下了，自己辛辛苦苦干活打拼却赚得比同行们低，心里一定会难受。让优秀的员工先富起来是一种精明的策略，它会激励员工们更好地工作，产生对企业的认同感，共同为企业创造更大的利润。

曾经，在点评《赢在中国》一位选手的时候，马云说道："一个优秀的 CEO 也必须是个优秀的管理者，当你的团队离开你的时候，你要想到一点我们需要雷锋，但不能让雷锋穿补丁的衣服上街去。"

马云是这么说的，也是这么做的。公司上上下下，他从来没有亏待过任何员工，当然也包括跟他一起创业的十八罗汉。阿里巴巴上市以后，马云在持有股权上，仅仅只有 5%，其他的所有都分发给了他的员工和合伙人。IPO 使阿里巴巴在一夜之间诞生 4900 名"小富豪"。这是马云更乐意看到的结果。他深知，仅仅依靠价值观和梦想，是无法长久留住人心的。

据统计，在企业跳槽最高峰的时期，阿里巴巴的跳槽率只有 15%，是同领域，甚至是整个行业中跳槽率最低的。对于这一点，我们不难理解，是马云一直奉行的企业感恩文化，他用实实在在的实惠感动了员工，以至于使阿里巴巴在稳定的人员调配中逐步壮大和发展。

史玉柱曾经对自己的手游研发部说："公司唯一的出路是研发精品手游。谁研发出精品，公司就给该项目责任人发奖金发股票，使你身价过亿。如果公司奖励没过亿，我个人给你补齐。"千金易得人才难留，给员工高薪水，是一种直观的尊重，才有员工继续保持努力的基础。

6. 提拔能够打败上司的人："你可以取代我！"

马云说："要记住，领导永远不要跟下属比技能，下面的人肯定比你强；如果下面的人不比你强，说明你请错人了。"马云的心态特别好，他最希望的是全公司所有人都比他厉害，越比他厉害他越开心，他从来都不觉得下属比自己强是什么丢人的事，他手下都是精兵强将才好。

某些领导者面对能力超群的下属时，会产生嫉妒之心，甚至会利用手中职权，给下属穿小鞋，让他不好过，刻意打压、永不提拔。领导者若是一味地压制比自己能力强的下属，自己确实一时爽快，但是会造成人心涣散，企业分崩离析。

被誉为美国汽车大王的亨利·福特及孙子福特三世，在其事业发展的顶峰，变得刚愎自用，嫉贤妒能，绝对不允许员工"威高震主"。一旦有这种感觉，就不顾一切将不顺眼的、但对公司的发展立下汗马功劳的人解职。正是这一套做法，导致其事业大滑坡。

到最后，63 岁的福特三世被迫忍痛割爱，宣布辞去福特汽车公司董事局主席的职务，把掌管了 35 年的业务经营大权让给福特家族以外的菲利普·卡德威尔，由他组成顾问团，采用专家集团的领导体制来管理，彻底宣告了"万年福特王朝"的结束。

美国的钢铁大王卡内基的墓碑上刻着："一位知道选用比他本人能力更强的人来为他工作的人安息在这里。"卡耐基之所以成为钢铁大王，并非由于他本人有什么了不起的能力，而是因为他敢用比自己强的人，能看到并发挥他们的长处。他虽然被称为钢铁大王，却是一个对冶金技术一窍不通的门外汉，正如他所说的：“即使将我所有工厂、设备、市场、资金全部夺去，但只要保留住我的技术人员和组织人员，我仍然是钢铁大王。”

由此可见，领导者对于人才的态度是至关重要的，有气度的领导者会主动寻找比自己强的人才，而且要越多越好，给人才以发挥的空间，又不会功高盖主，这是一门很难修炼的功课。

心理学上有一个“大鸡心理”：当两只大小差不多的公鸡相遇时，它们都会觉得自己比对方大，它们会本能地看不起对方，甚至彼此攻击。这种“大鸡心理”无论在生活中还是在工作中都是非常要命的，这种心理基于嫉妒之心，转化成攻击对方的心理，最后搞得两败俱伤。

20 世纪最杰出的广告大师戴维·奥格尔维在担任奥美广告公司总裁时有个习惯：每次一有新的经理上任，他都要送他们一件礼品——俄罗斯套娃。这件礼品意味深长——大娃娃里有个中娃娃，中娃娃里有个小娃娃，小娃娃里有一张字条：“如果我们每一个人都雇佣比我们自己小的人，我们公司就会变成一个矮人国，侏儒成群。但是如果我们每个人都雇佣比我们自己高大的人，我们就能成为巨人公司。”正是在这种理念下，一大批优秀的人才成就了一代广告大王的事业。

奥格尔维的聪明之处在于他明白，使用那些比自己有能力的人不仅不会威胁到自己的位置。相反，他们还能稳固自己的位置，并帮助自己成就伟业。而那些生怕下属比自己有能力，总是担心下属超过自己，因此不惜运用卑鄙的手段打压下属，抬高自己的领导，则永远不可能做成什么大事儿。我们看到正是由于奥格尔维有如此豁达的气度，才成就了他的一番伟业。

当然，人才并不是全才，他们也不是什么都会，选用能力出众的人才需要气度，同时也需要胆量和技巧，要能控制人才又不限制人才。优秀的领导者能够完美地处理与人才之间的关系问题，也只有这类的领导者才能够吸引更多渴望贤主的人才投奔。

嫉贤妒能的人是做不久领导者的，因为嫉贤妒能的人总希望自己的能力是最强的，一旦下属有超过自己的迹象，就会予以打击，生怕下属“功高盖主”。这样的做法会使真正的人才远离，这是在变相地打压人才，整个团队的能力就会不断地减弱。

领导比普通员工多的就是识人用人的能力，能够迅速辨识人才并正确地加以运用，还会使用不同的方式来增强人才的忠诚度，招揽越来越多的人才，团队也变得越来越优秀。

第 7 章

敢于惩戒，让下属既怕你又服你

Everybody should be activited in a good team

1. 慈不掌兵，好领导不能没脾气

一个本该半个小时搞定的问题，下属搞了三个小时；一个早就提醒的误区，下属还是陷了进去……面对这些情况，作为一个领导者要如何面对，是微笑着宽容下属，提醒他们下次继续努力，还是严厉地批评一顿，告诉他们立即修正错误。

一个领导者深受下属爱戴，但团队效率始终不高，甚至有的员工做事拖拖拉拉，原因就在于领导者太仁慈了！下属都明白领导者没脾气，犯点错误也不会被批评，于是就变本加厉，俗话说就是领导压不住阵。

俗话说："人善被人欺，马善被人骑。"这句话有些绝对，却也不无道理，如果作为公司的领导者，"好好先生"是不可能把公司带好的，因为一个领导者表现出非常软弱、非常劣势的话，他的员工也就不会认真执行他的话，更不会有一种雷厉风行的干劲，甚至还会"反客为主"。

好领导不能没脾气，在一个"非常仁慈""放手不管"的领导者下面干活，员工都会放肆、随意得很，丝毫不听从公司号令，团队执行力极差，做任何事都拖沓很久。

任正非骂公司高层干部丝毫不给面子。有一次，有干部准备了第二天的汇报提纲，任正非拿起几个副总裁准备的稿子，看了没两行，“啪”的一声扔到地上：“你们都写了些什么玩意儿！”于是骂了起来，后来把鞋脱下来，光着脚，像怪兽一样在地上走来走去，边走边骂，足足骂了半个小时，总裁办的主任严慧敏当时就哭了。曾在华为工作的李玉琢曾与任正非一起散步，有一次李玉琢跟任正非说：“任总，以后少发点儿火，对身体不好。”结果任正非回答：我发火时血压从不升高。

这就是“慈不掌兵”的道理，一个有脾气的领导者才有领导威严，一个令人害怕的领导者才能使下属尊重，这就是为什么很多领导者有不怒自威的本事，这种来自领导者的强势威严让人又怕又尊重，下属会对领导说的每一句话为之信服，团队的执行力也就提升了。

已故苹果创始人乔布斯堪称“魔鬼”的代言人，对于苹果员工来说，乔布斯会在会议中大发雷霆，甚至摔椅子，当场开除员工。乔布斯的脾气阴晴不定，他曾经在电梯里偶遇员工，出了电梯就把该员工开除。乔布斯被员工们暗地里起了诸多外号，如“魔鬼”“恐怖分子”等等，一天，爱开玩笑的苹果工程师托格纳志尼拿出一个抄袭的程序给同事们看。大家就围在机器旁说说笑笑。这时，乔布斯进来了，骂人的话像机关枪一样从他嘴里蹦出。乔布斯咆哮起来，面若冰霜地要求他们把程序洗掉，各回岗位。乔布斯用恐吓和尊重来管理员工，他的作风非常强硬，他讨厌冗长的讨论，或就鸡毛蒜皮的小事争论不休。

一位作家讲过跟前苹果雇员的聊天内容，该员工表示大部分人都对乔布斯的性格不满。然而他们承认，如果再做一次选择，依然会选择跟随乔布斯干活。这就是让人畏惧的威严的魔力，有脾气的领导被有上进心的下属尊重，也只有喜欢偷懒的下属才会喜欢温和派领导。

很多企业家都是这种有脾气的人，亚马逊创始人贝佐斯经常喜怒无常，贝佐斯发火时，前额的青筋暴露，然后整个人失去控制，各种难听的话语一并而出。一位高管道出了不少同事的心声："可以毫不夸张地说，每次开会后我都害怕自己会被解雇。"美国企业家卡内基身材矮小，但一点也不影响他暴怒时表现得威慑力，下属如果犯了哪怕是最小的失误，也会遭到他字字诛心的指责。

"发神经"式管理方式是一种震慑力，激起员工的恐惧感。从员工角度而言，不害怕领导，意味着不在乎，也就意味着没有全身心投入，团队效率自然很差。

领导者的脾气不好并不真的要领导脾气不好，整天骂人、发脾气，而是通过一种严厉的手段，来展现自己的威严。

事实证明，严厉领导者的团队，往往有更严明的纪律，更加高效的执行力，更加和谐的团队氛围。而温和派领导的团队往往是一盘散沙，平时看不出问题，一到关键时刻大家都往后退缩，没有人能站得出来。所以领导者要有点脾气，强势一些，对下属恩威并施，才能让他们又服又怕。

2. 功臣犯错也是错，有错绝对不放过

曾担任广州白云山制药厂厂长贝兆汉说："光团结人，理解人，还不足以治厂；还必须严肃纪律，奖罚分明。所以到了该严肃的时候，我就认真起来。"每个团队里都有功臣，每家公司里都有创业元老，这些人位置重要，甚至是团队支柱。若这些人犯了错，如何

处理将是一个令人头疼的问题。

领导者绝不能当老好人，对功臣犯的错姑息，就是对其他员工的不公平，赏罚分明也成了笑柄。一个能做到赏罚分明的领导者能使员工内心有公平感，才能达到更好的激励的目的，领导者要做到办事公正，赏罚分明，即把一碗水端平，适时、适当奖赏，适度惩罚，掌握赏罚的艺术性，才能真正做到赏罚公平，才能更出色地打造你的企业和团队。赏罚的公正是保持团结的最好办法，既能防止某些功臣居功自傲，又能维护其他人的利益，这是一个优秀的领导者应该做的。

功臣对企业而言是一笔宝贵财富，但如果没有良好的机制管理，仅凭人情判断，更有可能成为企业的负资产。

抗日战争爆发不久，陕甘宁边区发生了一件轰动一时的恶性案件。抗日军政大学第六队队长黄克功为了逼婚，杀害了年仅 16 岁的陕北公学的女学生刘茜。

黄克功少年参加红军，经历过艰苦卓绝的井冈山斗争和二万五千里长征。负过伤，流过血，还曾经带领一个营消灭了敌人一个团。为此，很多人动了恻隐之心，认为黄克功既是功臣，又是战将，应该让他戴罪杀敌，将功赎罪。

毛泽东在得到消息后，久久没有说一句话。他一边抽烟，一边踱步，足足有三个小时……然后，他给陕甘宁边区高等法院院长、此案的审判长雷经天写了一封信，表示必须处死黄克功，并要求在宣读判决时宣读这封信。

毛泽东在信中写道："正因为黄克功不同于一个普通人，正因为他是一个多年的共产党员，是一个多年的红军，所以不能不这样办。共产党与红军，对于自己的党员与红军成员不能不执行比较一般平民更加严格的纪律。……一切共产党员，一切红军指战员，一切革命分子，都要以黄克功前车之鉴……”要将从井冈山就跟随自己干革命的红小鬼送上断头台，毛泽东当然心痛，写完信后禁不住当众泪流满面。

有的员工平时工作努力认真，做事积极谨慎，只是偶尔出现的无心之失，犯了点小错误，对于这样的员工，过于严厉的惩罚反而会挫伤他们的工作积极性。这种情况下，鼓励和适当的宽容也许会取得较好的效果，使犯错者心存感激，在工作中会更加努力。

赏罚分明展现的就是领导者的威严与团队纪律性的统一。有过必有罚，无论对方是功臣、元老还是新员工，这是强势的领导者必须要维持的纪律。

西蜀孔明北伐时，因马谡不听他的调动，擅自做主，因此败北丢失街亭。虽然马谡才气过人，得到诸葛亮的器重，但为了严肃军纪，诸葛亮还是忍痛挥泪斩马谡，并上表请求自贬三等，承担失败之责。从此蜀军上下再也不敢违命。

对待功臣犯错问题上，强势的领导者不会优柔寡断，会果断对其进行处理，以此表明对纪律严明的决心，同时赢得团队的信任。

3. 杀一儆百，非常之人用非常手段

在团队管理上，领导者常常要用到杀一儆百这一招，对于某些刺头员工来说，惩罚、处分都丝毫不能改变他们的做法，在这种情况下就必须要痛下狠手，将其清出团队之外，一方面剔除掉团队不良因素，另一方面给其他人做个警示。

张瑞敏对海尔的改造有著名的“十三条军规”，张瑞敏挥舞着铁锤一次又一次地砸烂陈腐的旧习惯。1984年张瑞敏走马上任，做了青岛冰箱厂厂长。然而，张瑞敏上任的第二天，就发现员工大多是八点上班九点到岗，十点钟开始睡午觉，还有一些员工上班时间打扑克、下棋，甚至在车间里随地大小便。

看到这种情况，张瑞敏立刻回到办公室，定出十三条规章制度，其中有两条是：不准在车间大小便；不准公开拿厂里的东西。为了提高纪律性，张瑞敏甚至把恩格斯比较权威的话，在工厂大门上写了一句：所有进厂者放弃一切自治。

很多员工认为这十三条和原来的那些规章制度比起来太简单了，于是并没有认真对待。没过几天，厂里有一个员工偷东西，上午十点钟被抓住，十一点钟厂里就贴出布告：开除厂籍，留厂察看。处理一个员工，无疑起到了杀一儆百的作用。员工们发现，这个厂长真是不一样，制度虽然简单，却有法必依，严格执行。此后，“十三条军规”都得到有效的执行，成为海尔集团日后一整套完善管理制度的雏形。

诛大赏小是一种非常好用的管理办法。“诛大”，有两层含义：一是指诛大官，因为大官重权在握，一举一动能影响全局；二是指诛大失误。如果大的失误都不受到处罚，那就可能什么事也做不成。“赏小”，也有两层含义：一是指奖赏小人物，如普通士兵、平民百姓；二是奖励小进步、小成就，对待个人或团体取得的小成绩，要注意及时给予奖励，使其再接再厉。

诛大赏小一定要在少部分人身上实施，也就是非常之人才要用非常手段。正所谓上梁不正下梁歪，严格处理掉犯错误的高级干部，才能树立领导者权威。罚要罚首恶，对普通员工的小错误的处理，不是领导者该做的事情，领导者应当处罚那些破坏团队氛围却没人敢惹的刺头，这样才能达到杀一儆百的效果。

民国建立，袁世凯成为第一任大总统，然而制度还不完善，贪污腐败时有发生。王治馨很早就跟袁世凯做事了，在民国期间任京师警察厅总监，后又任京兆尹，相当于北京市市长。但王治馨是贪婪之人，上任后居然收取了二十三个县官贿金，每人孝敬几千，其赃款达五万以上。王治馨敢于如此为之，一是因为其强大的警务司法背景，自以为有恃无恐；二是因为他是袁系北洋老人、总理赵秉钧的亲信，自然有恃无恐。然而，袁世凯得知后立即着手查办，情况核实后很快就枪毙了王治馨，北京一片哗然。袁世凯动作迅速，为的就是给北京带来一个新气象，杀一儆百，即便是元老如此贪污受贿也要处治。

袁世凯通过杀掉一个巨贪，来表明自己主政的决心。这就是杀一儆百的方法，对非常之人就不能有所姑息，要迅速地做出处理决策。把非常之人留在团队里，就是对团队的破坏，而且普通手段往往对非常之人不起作用。这些人不思悔改，简单的惩罚反而让他们更加得意，所以对于非常之人，直接采用严厉的手段，树立自己的领导权威，在团队中树立自己的威信，也为了防止再有这种非常之人出现。

强势的领导者会“看人下菜”，对偶尔犯了小错误但很努力的员工会鼓励，对经常犯错的员工会进行批评，对不思悔改，总是扰乱团队纪律的员工，会“痛下杀手”，将其立刻清出团队，保持团队氛围的和谐与稳定。这类员工晚清理不如早清理，早点清理肃清团队，还有杀一儆百引以为戒的作用。

4. 左手拿大棒，右手扣帽子

左手拿大棒，右手扣帽子，大棒是强势的标识，帽子是压住员工的慰问礼。这与胡萝卜加大棒的理论是一样的，讲的是领导者以奖赏和惩罚两种手段激励员工们前进。这个理论可以用强化理论来解释。强化理论是由美国哈佛大学的心理学家 B. F. 斯金纳提出的，该理论认为，人或动物为了达到某种目的，都会采取一定的行动，当行动的结果对他有利时，他就趋向于重复这种行为，反之，就会减少或停止这种行为。

大棒就相当于孙悟空头上的紧箍咒，它能够限制刺头员工的超规格行为，让他们听领导者的话。企业管理中的大棒就是严格的纪律制度以及领导者的威严。手持大棒的领导者有杀伐果断的气魄，掌握着员工的“生杀大权”，令人敬畏，这种团队从严的风格才能步调一致。

古罗马军队有一句最著名的格言，好的士兵害怕长官的程度应该远远超过害怕敌人的程度。领导者的严厉作风能使团队振作，纪律严明的军队在战场上总能打胜仗。但是这并不意味着每位企业家都是“暴君”，严厉的作风可能会激起某些员工的逆反心理，造成团队压力过大，反而做不好事情。这时，领导者就会拿出“帽子”向员工慰问，也就是奖励，这就是恩威并施。

俗话说，重赏之下必有勇夫，赏罚若明其计必成。高明的领导者会在严厉之余，给予下属丰厚的奖励，表达自己对下属优秀成绩的赞同。

清代曾国藩奉命治理湘军，他的方法很简单，他认为农民出来卖命打仗无外乎是为了升官发财，对想当官的人：打小胜仗当小官，打大胜仗当大官；对想发财的人：打小胜仗发小财，打大胜仗发大财。把升官发财跟打仗的胜负联系在一起，湘军的战斗力很快就提高了。

有真金白银的激励能够使人“心动”，很多企业成绩差，原因可能就在于奖励不到位，员工们没干劲，成功与失败都只是拿少量的奖励和处罚，激不起他们的兴趣。当然，奖励不是越高越好，员工的劳动付出与回报要成正比，员工由于能力不同，在薪酬上也应存在一定的差异。奖励的目光也不要只盯着先进人群，团队的成绩要归功于团队，团队成员都要有所奖励。还有在团队中排名靠后的员工，要能敏锐地感觉到他们的进步，用适当的方式肯定他们的进步，他们也许达不到晋级、加工资、表彰等正式的大奖，也可以用一些灵活的方式来激励，金钱激励不能过分集中在少数人身上，否则就会出现“多者越多，少者越少”的马太效应。

当然，恩威并施中的恩也不仅仅是简单的金钱奖励，更重要的是领导者的举动行为，真正让员工感受到被尊重与感动。索尼创始人盛田昭夫在恩威并施的运用上炉火纯青，他曾经只用简单的举动就让一位分厂厂长重拾了信心。

当时，索尼的一家分厂的产品是销售到东南亚的，总公司不断收到来自东南亚的投诉。后来经过调查，发现原来是这种随身听的包装上出了些问题，分厂厂长立刻更换了包装，解决了问题。

然而盛田昭夫却不依不饶，他把厂长叫到公司董事会议上，屋子里坐了十多位高层，盛田昭夫对厂长进行了严厉的批评，丝毫不给厂长留面子，还要求全公司以厂长为耻。厂长在索尼干了二十年了，第一次遭到这么严厉的批评，面色通红，捂着脸失声痛哭。

散会后，恍惚的厂长离开公司准备辞职，盛田昭夫的秘书却走过来，邀请他一起去喝酒，并说道："董事长一点也没忘记你对公司的贡献，今天是迫于无奈，他怕你为此伤心过度，叫我陪你喝酒解闷。"回家后，厂长又收到盛田昭夫的亲笔信，信里面向厂长表示慰问，并鼓励他再接再厉。从那以后，厂长工作更加卖力，深得盛田昭夫信任。

盛田昭夫为了总公司的利益，必须要对犯错的厂长做出处罚和批评，然而厂长又偏偏是老员工，所以在批评之后还要展现温情和诚意，盛田昭夫经常使用这样的方式，索尼公司的许多人把这称之为"鲜花疗法"。

对于恩威并施，拿破仑曾经形象地说："我有时像狮子，有时像绵羊。我的全部成功秘密在于：我知道什么时候我应当是前者，什么时候是后者。"日本企业家松下幸之助认为，领导者对于部下，应是慈母的手紧握利剑，平日里关怀备至，犯错误时严加惩戒，恩威并施，宽严相济，这样才能完全驾驭团队。管理中多运用恩威并施，左手大棒，右手扣帽子，往往能够取得很好的效果。

5. 从领导艺术的层面开展批评

领导者想建立自己的威严，批评员工的场景必不可少，而且还要严厉到位，但是批评要讲究方法，懂得从领导艺术层面开展批评，让员工心悦诚服。

明智的领导者在批评别人时，会首先批评自己，先坦诚是自己的失误造成了员工的错误，下属犯了错误，领导者也是有着或多或少的责任的。因此，下属犯了错误，就事论事直接批评当事人是理所当然的，但如果在批评的同时，领导者也做些适当、适度的自我批评，批评效果则会更佳。这不仅会给下属一种严于律己的印象，还会减轻当事人的心理压力，从而有利于问题的解决。

关于批评下属，美国人际关系学大师卡内基心里也有过挣扎。卡内基曾任用十九岁侄女约瑟芬担任秘书。约瑟芬犯了错，卡内基正要开骂时，想到：自己的年龄比约瑟芬大两倍，工作经验多上万倍，怎能要求她现在就具有自己的观念与判断力？而他在十九岁时怎么做？是否一样犯过错、做过蠢事？卡内基的结论是，约瑟芬的平均工作表现，其实比他自己在十九岁时更好。所以，要让约瑟芬注意所犯的错时，他说："你犯了错，约瑟芬，但比我曾犯的许多错来说，你的要轻得多。不过，如果你换个方式做，会不会更明智些？"

卡耐基的批评方法的魅力在于善意，在言辞上充满了关切和爱护，并没有常见的批评那样严厉激烈，卡耐基用这种善意的批评方式面对女性下属，收到了非常好的效果。批评下属的时候一定要注意自己的态度，语气尽量要温和友善，这是对下属最起码的尊重，即便是自己也不能保证永远不犯错误。要清楚批评是对"过失者"的一种关心与负责任，批评的目的不是为了追究犯错误者的责任，而在于教育下属今后不再犯如此类似的错误。

美国著名实业家玛丽·凯什说："不管你要批评的是什么，都必须找出对方的长处来赞美，批评前和批评后都要这么做。这就是我所谓的'三明治策略'——夹在两大赞美中的小批评。"

美国著名的女企业家玫琳凯很善于运用对事不对人的批评法则。

她说："批评应对事不对人。在批评前，先设法表扬一番；在批评后，再设法表扬一番。要力争用一种友好的气氛开始和结束谈话。如果你能用这种方式处理问题，那你就不会把对方激怒。我看到过这样一些经理，他们对某件事情大为恼火时，必将当事人臭骂一顿。这是毁灭性的批评，而不是建设性的批评。人的自尊心有时很脆弱，都希望受到表扬而不希望受到批评。"

一般说来，人都有爱听赞美话的习性，而在受到别人的批评时，又有怕别人损害自己利益的担心。所以这种"三明治"批评法能够很好地调节被批评人的情绪。

松下幸之助也属于在训斥的同时又加以赞美的这种类型，他在训导时常说："连你也这样干吗?""正因为是你，我才这样训你的。"这样对方虽然是挨了训，但心里是高兴的，因为他认为自己是松下器重的人。

这种批评方式能够让下属放轻松，用赞美的话语冲淡批评的苦涩，使下属易于接受，避免冲突。批评这门艺术很复杂，只有少数领导者才能够掌握，而能够完美掌握批评艺术的领导者无一例外都能带给人独一无二的魅力，他们能在批评、赞美之间游走，让下属真正地臣服。

6. 坚决避免"低级错误重复犯"

在企业的管理中，会存在一种现象，叫做"低级错误重复犯"。领导知道是出了什么问题，也提出了一些解决方法，要求员工如何如何去做。但结果是非常糟糕的，只能管住那么一天两天，很快人们都忘记了。

说白了，在管理上就是缺乏落实，缺乏执行的力度。没有拿出一个较为具体的，可以操作执行的东西去规范员工的行为。

对于下属的低级错误，永远只允许一次，这时强势的领导者的一个基本准则。但是想要避免下属低级错误重复犯，还需要做很多工作，首先要弄清楚下属为什么一而再再而三地犯提醒了很多遍的错误。一般有以下四点原因：

（1）下属不知道自己怎么改。有的下属知道自己犯错了，也想改掉错误，但是不知道怎么去改，很多领导者总是如此，告诉下属有错，却不说哪里错，或者表达模糊，下属并不能正确理解改错方法，那么下属屡错屡犯是有其原因的。所以，指出员工犯了错误不是目的，目的在于让下属知道如何改正错误。

（2）下属没有能力去改。有的下属即便知道自己如何改正错误，却也无力改进，其并没有足够的能力与错误对抗，所以导致自己屡屡犯错。这种情况下，领导者可以将任务分配给别人处理，并让下属在旁边观看学习，或者进行专门的培训，不管用何种的方式，都必须要让下属提高自己，在下一次进行任务时能够独当一面，不再犯错。

（3）下属不清楚是自己的坏习惯带来的错误。有些潜在错误是下属意识不到的，他们意识不到是自己的一个坏习惯和毛病造成了错误的屡屡发生，如果不及时纠正，下一次下属还会犯同类错误。所以领导者要明确地指出下属的坏习惯，如习惯性开小差、喜欢搬弄是非等等，如果下属有意愿改变，领导者可以通过团队帮助下属制定改正措施；如果下属对自己的坏习惯不以为然，那么领导者可以采取强制的手段，用制度来约束下属。

（4）下属不愿意改正错误。下属可能会觉得自己犯的一些错误都无伤大雅，没必要被领导者上纲上线的，对于这种态度领导者要严格对待，如果把错误给下属指出来他也不愿意去改正，依然我行我素的话，那么就可以将这样的下属尽快辞退，以免带坏团队气氛。

在处理员工错误时，领导者首先不能有情绪化的表现，在极度愤怒下批评员工，是一种对员工的自尊心的损害，会对团队产生负面影响。其次要就事论事，针对员工犯错的原因进行分析了解，总结经验教训，避免类似情况再次发生。领导者要用指点的方式给出自己的意见和建议，才能达到纠正的效果。

工作中一旦发现员工出现低级错误，就一定要立即回应，领导者有义务让员工了解到哪些地方出问题，需要怎么做，注意什么，要在第一时间向员工指出，并迅速及时给以纠正。如果发现了问题却没有及时纠正，造成错误一犯再犯，那么就是领导者的错误。

稻盛和夫曾经说过："比完善制度更重要的是改变心。"对待员工不断地犯下低级错误，领导者要让员工认识到自己的错误所在，并且在明确企业要求的情况下，自发自愿地去改进。否则，企业的处罚和员工的犯错之间就会演变成一种斗智斗勇的智力对抗，同类的错误必定还会继续发生，甚至愈演愈烈。

避免员工屡屡犯错的重要原则之一便是：让员工意识到自己的错误是比惩罚更重要的事情。员工认识到自己的错误给团队造成了多大损失，他们才有真正自觉改正的决心，否则很容易觉得自己的这点小毛病无伤大雅，是领导太小题大做了。

在员工第一次犯错、犯小错的时候，领导者就让他们认识到自己的不对，建立起正确的是非观念，同时建立完好的奖惩制度，这才是解决员工犯错"屡罚不改"的根本之策。

7. 敢罚就敢奖，任性的年终奖

一个优秀的领导者不只会“罚”，更会“奖”，他们对重金奖赏毫不吝啬，常常发高额的奖金激励员工。

每年百度、腾讯、阿里巴巴的年终奖大战都是一时新闻的重头戏。2014 年底，百度拿出了历史上最大额度的奖金鼓励业绩突出的员工。其中一位员工拿到的奖金相当于 50 个月的工资。李彦宏表示：未来，百度要打破平均主义，对业绩突出的员工，奖金没有上限。

阿里巴巴也不甘示弱，有人曝出有月薪 2 万的阿里员工得到了 15 万的年终奖，还有 3000 股股票，根据当时的汇率计算，该员工的年终奖相当于其 100 个月的工资。阿里巴巴之前上市后曾拿出一大笔钱激励员工，每年的年终奖都不含糊，让年终奖励成了一场狂欢，

马化腾是潮汕人，非常注重红包、利是等奖励。2015 年腾讯集团的圣诞晚会非常盛大，准备了 38888 元现金超值奖、超级大奖价值 25 万元的双人北极极地游的特别心愿奖，还有各种几百上千的现金奖。此外，腾讯各个事业群还会有单独的年会和年终奖。一位行业人士称，比如微信和腾讯互动娱乐部门这些业绩卓著的团队，项目奖金必定十分丰厚，足以让人发出好几个惊叹号。而业界一直盛传腾讯业绩好的部门有 24 至 48 个月工资作为年终奖，传说《英雄联盟》游戏部门年终奖高达 60 个月。

京东年会包下了北京工业大学体育馆，刘强东还请来王力宏，

而2016京东集团年会，累计发出了以下奖品：50个2万现金、100个1万现金、416台iphone 6s、200个iPad mini 4、50个1万元京东E卡、200个大金空气净化器、300个智能音箱、300个新秀丽拉杆箱、1000个200元京东E卡、500个500元京东E卡、300个1000元京东E卡……

马克思说过："人们奋斗所争取的一切，都同他们的利益有关。"物质的需求不仅是人类赖以生存的基本前提，也是个人在精神、智力、娱乐等各方面获得发展的基础。领导者应当清楚，物质奖励同时也是一种精神激励，是上级管理人员对下属的行为和所取得成就的肯定，能够满足下属的成就感，同时，也表明上级对下属的认可和赞赏。

领导者在对员工进行重赏激励时，也要讲究原则，否则就会导致负面结果。比如奖励分配不均问题，这会严重损伤员工的感情，让奖励变了味道。激励的目光不要总盯住先进人群，任何组织中的人群都有上、中、下之分，而且往往是中间大两头小的"橄榄型"结构，如果忽略了中游人物和落后者，将严重影响组织的全面进步。因此也应关注中游人物和落后者，要能敏锐地感觉到他们的进步，用适当的方式肯定他们的进步，他们也许达不到晋级、加工资、表彰等正式的大奖，却可以用一些灵活的方式来激励，如领导者以个人的名义邀请其一起吃顿便饭、送点小礼品、让其参加较为重要的工作等。总之，金钱激励不能过分集中在少数人身上，否则就会出现"多者越多，少者越少"的马太效应。

频率不能太高。激励是作为补充手段进行的，需要的是惊喜和稀少，如果天天有金钱激励的话，员工们就会对得到的奖励不在意，反而产生思维定式，一有点成绩就等着"奖赏"，得不到奖赏就没精打采，进而可能改变工作的动机，将获奖作为工作的核心动机，逐渐地变得懒惰。人的欲望是无穷的，在做金钱激励的时候一定要掌握好度，避免激励强度太大，撑大了员工们的“胃口”。

在进行重赏激励时有三种方法：

（1）绩效工资方案

绩效工资方案是最直接也最普遍的金钱奖励方式，直接根据工作绩效的高低进行工资高低的分配，当然了，一些大公司还会把绩效工资融入团体里，有个体工作绩效、团队工作绩效、部门工作绩效及组织总体的利润水平。例如，美孚公司的员工团队可以拿团队绩效奖励工资，它相当于基本工资的30%。

（2）利润分享

利润分享是根据公司绩效的改善，包括了生产力增加、顾客满意度增加、成本降低或安全纪录改善等，给团队中员工支付奖金。包括斯坎伦计划、洛克计划、效率增进分享计划等。

洛克计划的基本公式：劳动力成本/产品销售价值如果实际的比率比基准值小，则应该将节约的劳动成本作为奖金发给员工。

洛克比率 =（价值增加 - 原材料、供给以及耗用的服务价值）/计划参与人的雇用总成本（包括：薪金、工资、工资税和边缘薪酬）。洛克比率越大，对公司越有利，可以参照制定相应的分享计划。

（3）员工持股计划

这也是很多有详细未来规划的公司常用的方法，用股权来激励员工，许以美好的愿景，具体员工持股计划是指公司给予员工购买公司股票的权利，员工行使股权是在公司确定一段时间期限之后，通常不超过五年。当年比尔·盖茨 1974 年建立微软之后，因为他用股票期权吸引和留住有才能的员工，所以有超过 2000 名员工凭借股票期权成为百万富翁。

光罚无奖，员工抱怨连连；光奖无罚，员工得意忘形，有奖就有罚才是一个良好的体制，给员工重罚就要懂得给员工重赏，用诚意留住员工，用史玉柱的话来说就是一个员工能给他一年赚一百多万，给他十万块又如何，这就是双赢。

第 8 章

狠治“刺头”，要团队协作不要个人英雄

Everybody should be activited in a good team

1. 对高傲的人挫其傲气

有些员工恃才傲物，自恃有很高的才能，团队离不开他，便不听命令行事，或者擅自行动。由于傲慢的下属常常自命清高、目空一切，久而久之，大家就会疏远他、排斥他，影响团队的整体合力。对于这类员工，强势的领导者会想办法挫其傲气，让其心甘情愿地与团队合作。

乔布斯对待员工的态度非常严厉，苹果公司人才众多，但是他们所有人都不敢在乔布斯面前心高气傲。在 2007 年的一次会议中，一名非常出色的员工问乔布斯为何苹果工程师的薪酬过低，比其他硅谷公司低多了。乔布斯目光坚毅，回应道："或许你该问问你的主管为什么你不值更高的薪酬。"乔布斯一句话就把这个员工给堵回去了，他的做法就是对高傲的人才毫不留情，直截了当地挫其傲气。

现在的团队里会有很多 90 后，90 后们年轻气盛，总有一颗做大事的心，便总会与团队产生冲突。面对此类情况，领导者不仅仅要以更加强势的态度面对，还要用合理的方式来与之相处。高傲的人才离开团队并不是最好的解决办法，真正的解决是让人才低下高傲的头颅，完全接受团队的指挥。

首先要用人才之所长，切记盲目打压。一般来说，心高气傲者大都有一技之长，甚至是某领域的佼佼者，所以不能为了压其傲气而将其撂在一边不予重用。因为盲目压制不仅导致人才越来越压抑，还会使其产生不服气的逆反心理，会更加与领导者作对。

所以对待心高气傲的人才，不能有偏见，要尽量发挥其长处。人才傲慢的一个重要原因在于他们认为不被领导重视，自己的能力体现不出来。正确的发挥人才所长，让其感受到领导的重视和关爱，这样既有利于傲慢者个人的成长进步，也有利于团队的发展。

其次，对高傲的员工要善用其短，挫其傲气。能力再强的人才也并非万事皆通，他们只是在某个领域出类拔萃而已，还是会有其他方面不如别人。想要消磨人才的锐气，就要设法让其认识自己的不足，最好是在无他人的场合下，给他安排一两件他做起来比较陌生又比较吃力的工作，并要求限时完成。

心高气傲的人才需要花费很大的精力去完成这些任务，甚至完全搞砸，让其明白做好一件自己并不熟悉的工作是多么的困难。领导者要抓住这个时机与人才谈谈心，让他们明白人贵有自知之明的道理，使其认识到做人要谦虚谨慎，多找自身之短，多学别人所长，不能恃才自傲。这种做法，人才不仅不会感到丢面子，而且能清醒地认识到自己的不足，其傲气也自然会消除。

傲慢的人的心态总会认为做任何事都手到擒来，常常会因为漫不经心而出现错误。在这种情况下，领导者可以站出来为他们承担责任，用广阔的胸襟征服傲慢的人才，赢得他们的尊重。这种不计前嫌、推功揽过的做法，可以很好地拉近距离，使傲慢的人才意识到自己的做法是多么幼稚。

当然，对傲慢的人挫其傲气时要善意的，不要让人才感觉的领导是在刻意针对，那样就适得其反了。在用方法使人才意识到自己不足时，要通过谈心跟人才沟通，告诉他们并非恶意针对，这样才能得到人才的理解和支持，更好地配合团队的工作。团队里常会有高傲的人才，这种人才用好了绝对是团队的一大主力，可以帮助领导者完成很多困难的工作，他们的能力绝不是普通员工可比的，所以对这类人才要寻找良好方法，挫其傲气，让其融入团队。

2. 后台硬的下属不可得罪，但也绝不姑息

在团队中，可能会存在一些有背景、后台硬的下属，他们有的来自其他重要部门，有的跟顶头上司关系良好，甚至是公司的创业元老，面对这样的员工既不能得罪，但也绝不能姑息，不能对有后台的下属纵容，以免影响了团队的和谐。

有时候，此类员工会在工作中有意无意地展示自己的背景，以便谋求工作中的便利，甚至当他们犯了错时，其背景也可能会让他们免受处罚。手下的员工有后台，很容易形成一种制度两种执行的结果。这就伤害了广大没有后台的员工，有后台的员工努力工作倒也好说，若是工作能力极差，纪律也极为散漫，又如何打造优秀团队？

有后台的下属要管，但要讲究方法地管。领导者可以先给有后台的下属一个下马威，组织开会，让他们服从领导的安排。同时交给团队一个困难的任务，如果任务完成得不好，尤其是有后台的员

工表现极差，那么领导者可以先一步到他们的后台领导那里去告状。谁也不想在自己后台领导那里丢面子，他们的后台领导也不能不分青红皂白地袒护，只要我们的状告得有理有据，就能够产生威慑力，提醒有后台的下属，工作表现不好后台再硬也没有用。

还可以多次组织会议，反复强调制度的一视同仁，要求团队上下令行禁止，建立一个纪律严明的氛围，要求团队所有成员都要遵守纪律，这样有后台的员工犯错后才无话可说。即便是有后台，也不能太过分地包庇员工，毕竟有明文规定的制度摆在台面上。

严厉之余，还要加一点温情，可以把有后台的员工叫到办公室听听汇报工作，顺便喝喝茶，拉近彼此的距离。这是“大棒加胡萝卜”的做法，既给有后台的员工以严厉的警示，同时又给予他们足够的尊重，这样再有后台也不敢捣乱了。

日本西铁百货公司社长尾芳郎与名古屋商工会议所主席土川元夫是老朋友了，由于名古屋商工会议所急需一名管理分部的主任，所以尾芳郎就把自己认为是人才的一个朋友介绍给了他。土川元夫就把这个人招致麾下，试用了两个月后他亲自写信给尾芳郎说：“你介绍来的这个朋友不是个人才，我很难留他。”原来，这个人仗着自己是西铁百货公司社长介绍来的，狂妄自大，部门经理也知道他的背景深厚，也不敢管他，他就隔三岔五地迟到，或者当着部门经理的面早退，工作又做得不好。直到土川元夫发现了问题，质问部门经理，土川元夫意识到哪怕是会伤害老朋友的情谊，也要把这个员工辞退掉。

尾芳郎看完土川元夫的信后，也理解他了，就跟土川元夫道了歉。土川元夫并没有因为员工后台硬就对其姑息，因为他知道，姑息了一个有后台的员工，就可能让其他有后台的员工也变得“蠢蠢欲动”。

有后台的员工带来的不仅仅是与领导者的对抗，更多的是对团队氛围的破坏，当一个员工没有丝毫出色成绩，却要享受特权待遇，这会让团队成员极度不满，放任不管这类员工，会让领导者的威严扫地。

所以，面对后台很硬的员工，强势的领导者不会回避他们的身份，从一开始合作就直接提出要求，给他压力和鼓励，表扬与批评之间拿捏得当，最重要的是让他们融入团队中去。当出现问题时，可以先从他们的后台突破，争取后台的理解和支持。

3. 不跟情绪化的人讲道理

工作中，有些员工会出现情绪化表现，作为领导者，要做的不是跟情绪化的人讲道理，而是要梳理其情绪，激发员工的正能量。

首先识别员工的消极情绪是第一步，因为只有识别出员工的消极情绪，才能开始处理这种消极的情绪。领导者要在日常工作中就对员工的各种行为举止进行观察，观察哪些员工易产生不良情绪，哪些员工总是一会儿高兴一会儿生气，这些都是喜欢情绪化的员工。在工作中，甚至有些员工会因为早上的迟到而唉声叹气一上午。这些都是员工有消极情绪的信号，抓住这些信号才能对症下药。

当发现员工有消极情绪时，领导者不要试图去触碰员工的消极情绪。首先要接受员工产生的消极情绪，去理解员工，这样才不会让员工产生更多的抵触心理。在繁重地工作中，员工产生各种各样的情绪是在所难免的事情，领导者只有接受了员工消极的情绪，员工才能感受到你对他的理解，才可能接受你的帮助来调整情绪。

如果领导者一心想着压制员工的情绪，一心想着跟员工讲道理，这不但无助于原有消极情绪的处理，还会产生新的消极对抗情绪，对工作和上下之间的关系产生更加负面的影响。当领导者搞清楚员工消极情绪的来源，就可以想办法把员工消极的情绪状态调整为积极的情绪状态了。

在调整员工情绪的过程中，领导者要把握沟通的重要性。员工不良情绪的成因很大一部分就是因为员工对组织信息没有充分理解，他们产生了“受害者”心态。作为领导者需要及时地了解并向员工组织变化的最新信息，在传达信息的过程中要坦诚，而不是遮遮掩掩，越是遮遮掩掩，员工就越容易产生误解。

还有，领导者要充分关注员工所关心的问题，给予员工表达的机会，不仅让员工了解团队的动态，团队也要了解员工的动态，保证信息从下到上的及时共享。在梳理员工情绪的过程中，要带领员工把关注点放在未来的目标上，而不是过去那些“令人心烦”的事。很多员工的不良情绪都是因为过多的纠结于过去，会让大家陷入消极情绪，消耗掉员工的精力。

某知名招聘网站最新的一项关于职场人压力情况的考察显现：48.6%的职场人表示压力很大，44.4%的职场人表示压力处于普通形态，完整没有压力感的职场人只占7%。太情绪化的员工，在工作之中，会因为不良情绪而影响了自己能力的发挥，造成一些不应有的损失。同时不但会限制自己的能力，还会对同事的工作能力造成负面影响，阻碍团队的默契与合作。工作中的不良情绪，多半其实还是自身心态、修养或岗位角色认知不清等原因造成的；看清问题根源，才能更好更快地解决问题。所以我们可以通过引导的方式，让员工自己为自己设定目标，通过帮助分析员工的优势和长处激发员工的内在野心，让其用积极正面的情绪为自己设定一个成就目标，真正激发其主动性。

EAP（员工帮助计划）由企业为员工设置的一套系统的、长期的福利与支持项目。由专业人士对员工提供专业指导帮助，解决员工心理问题的计划。很多领导者会设置了放松室、发泄室、茶室等，来缓解员工的紧张情绪；或者制订员工健康修改计划和增进健康的方案，帮助员工克服身心疾病，提高健康程度；还有的是设置一系列课程进行例行健康检查，进行心理卫生的自律训练、性格分析和心理检查等。这就是 EAP 计划的一部分，旨在帮助员工建立良好的心理。

完整的 EAP 包括：压力评估、组织改变、宣传推广、教育培训、压力咨询等几项内容。具体地说，可以分成三个部分：第一是针对造成问题的外部压力源本身去处理，即减少或消除不适当的管理和环境因素；第二是处理压力所造成的反应，即情绪、行为及生理等方面症状的缓解和疏导；第三，改变个体自身的弱点，即改变不合理的信念、行为模式和生活方式等。

据统计，美国有四分之一的企业使用 EAP 计划为员工服务，帮助员工进行压力管理、职业心理健康管理，甚至是员工的理财问题、饮食习惯等等。只有全面帮助员工解决问题，员工才会得以释放压力，把重心放在工作上。

对于工人的压力管理，企业不可视而不见，反而应当引起足够的重视，一方面出现工人承受不住太大压力的问题，对企业影响不好；另一方面工人压力过大生产效率就变低了，这自然不是企业想要看到的。

4. 别给爱哭的孩子奶吃

有句俗话叫："爱哭的孩子有奶吃。"在企业管理中，有一部分员工也喜欢做"爱哭的孩子"，总能得到领导者的格外关怀和照顾。而企业管理中，一旦出现"爱哭的孩子有奶吃"的现象，就构成了对团队不和谐的因素。因为那些"爱哭的员工"属于投机钻营者，他们不努力工作，而是通过大吵大嚷地演戏，展现出一个努力工作的样子。而对于真正努力工作却沉默寡言的员工来说，这就很不公平。

不让老实人吃亏、不让投机钻营者得利是企业用人的一个重要原则。为提高管理绩效，一家企业在管理层率先实施绩效考核，因为绩效制度设计合理，绩效指标恰当，公司还跟每个干部增加了一倍的绩效工资，每一个考核分都能对应拿到 30 块钱的奖金啊，刚开始时效果也还好，可是半年之后效果却反而下降，很多人都不愿就绩效中的问题进行改善，而是听之任之。原来，有一个绩效一直很低的部门主管，每次在绩效结果出来后，就会跑去老板那里闹，说自己没功劳也有苦劳，这个月又做了多少多少分外之事等等，吵着闹着要求老板加分，而老板也是觉得有道理，心里一软，那就加 20 分吧，你看，爱哭的孩子就是有奶吃啊！

世上没有不透风的墙，时间一长，加分之事自然弄得尽人皆知。

其他一些心术不正者也纷纷效仿，而很多正直的干部也失去了信心。

有些员工自以为自己只要一闹、一诉苦就能够得到更多好处，而有的领导者不会应对这种情况，只好用好处安抚员工，这就把团队氛围给破坏了。领导者要是过于听信下属的诉求，要是耳根子太软，就是不坚持原则，就是掩盖了很多管理真相，最后可能还不只是毁掉这个喜欢“哭闹”的“孩子”，甚至还有可能让整个团队死于非命。

投机钻营者很“爱哭”、很“擅哭”，很容易让领导者上当。从表面上看，总喜欢给哭孩子喂奶的老板是否很人性化，很关爱下属？错了，从管理发展的角度看，这恰恰是在祸害下属、祸害企业。生活的常识告诉我们：要是孩子一哭就喂奶，他的肺活量将无法得到锻炼，健康自然也无法保证，生存能力自然也无法提升。同样，要是下属一找到领导者就能解决所有问题，那么他的沟通能力、抗压能力都无法得到成长。要是下属一哭闹领导者就妥协，那么，公司的制度流程就会成为一堆空话，公司也将无法成长。

一家公司的销售部刘经理收到了一位客户赠送的 5 张旅游券，可是他的下属就有 5 位，加上他共 6 个人，显然有一个人分不到旅游券。结果刘经理就给自己拿了一张，发下去了 4 张。没有得到旅游券的员工自然备受打击，对刘经理产生了憎恨心理。在留守上班的日子里，他故意把几笔生意给推了。这就导致团队内部很不和谐，员工的做法固然不对，但起因就是因为刘经理的不当做法导致的。

“不患寡而患不均，不患贫而患不安”，领导者在处理与下级之间关系的时候，要一视同仁，不分远近，不分亲疏。不能受客观或个人主观情绪的影响，表现得有冷有热。有的领导者本意也许并无厚此薄彼之意，但在实际工作中，难免倾向于接触与自己爱好相似、脾气相近的下级，无形中就冷落了另一部分下级。员工一诉苦，领导者就考虑到该员工确实付出了很大努力，尽管工作没做好，但也要支持。可是这就是对其他努力工作的员工不公平，如果团队里人人都开始诉苦，开始找领导者讲述自己多么辛苦，时间久了就没有人会努力工作了。

一视同仁才是真正的公平，奖赏的标准不以谁的嗓门大而论，就以工作成绩为标准。这样才能打造出公平的团队氛围，那些“爱哭”的员工自然也就不哭了，转而努力工作，把成绩提高才是正道。

一哭就喂奶的孩子难长大，一遇到问题就找老板的下属无法成长。对员工的任何溺爱，任何护短、偏听偏信的行为，都是对员工成长的损害，让员工不思进取，让团队难以和谐。

5. 用“马蝇效应”去刺激那些身怀绝技的“自大狂”

林肯当选为美国总统的1860年，新招入的财政部长蔡思是一个野心勃勃的政客，剑指下任总统位置。《纽约时报》主编亨利采访林肯时提醒他蔡思正在狂热地谋求总统职位，林肯以他一贯的幽默口吻对亨利说：“你不是在农村长大的吗？那你一定知道什么是马蝇了。有一次，我和我兄弟在农场里耕地。我赶马、他扶犁。偏偏那匹马很懒，老是磨洋工。但是，有一段时间它却跑得飞快，到了地头，这才发现，原来有一只很大的马蝇叮在它的身上，于是我把马蝇打落了。我的兄弟问我为什么要打掉它，我告诉他，不忍心让马被咬。我的兄弟说：哎呀，就是因为有那家伙，马才跑得那么快的呀。”然后，林肯意味深长地对主编说：“现在正好有一只名叫‘总统欲’的马蝇叮着蔡思先生，只要它能使蔡思不停地跑，我还不想打落它。”

马蝇效应告诉我们，面对心高气傲的人才就要运用一些适当地“刺激”，才能发挥人才最大的能力，并且把人才掌握在自己手里。多给优秀的人才更多、更难的任务，让他们做有挑战性的工作，能够大大提高他们的工作积极性。适当地挫一挫人才的傲气，有助于团队的和谐，不要给人才更多的特权，把他们当作更有能力的普通员工，就能更好地掌控手下的人才。

一个部门或一个团队，如果长时间保持风平浪静，表面上看起来是一片“和谐”，实质上是在孕育“一潭死水”。这种平静将会使团队失去激情，失去创意，从而慢慢地就失去了战斗力。好的领导者应该关注如何改变员工的工作环境，通过环境的改变来刺激员工的行为，影响员工的行为，必要时制造一点冲突，以此来激发员工的斗志和潜能，以防止员工在“平静中休克”。

有一个经典故事经常被管理界引用：1947 年，小沃森刚刚接手 IBM 销售副总裁。一天，一个中年人沮丧地来到他的办公室，提出辞职，因为他原来的领导柯克和小沃森是竞争对手，他确信小沃森主政后会把他挤垮。这个中年人就是曾任销售总经理的伯肯斯托克，才华横溢但一度受挫。

没有想到，小沃森对他笑着说：“如果你有才华，就可以在我的领导下展现出来，在任何人的领导下，而不光是柯克！现在，如果你认为我不够公平，你可以辞职。但如果不是，你就应该留下来，因为这里有很多机会。”伯肯斯托克留下来了，并在后来为IBM立下了卓著功勋。小沃森说，“在柯克死后，留下他是我最正确的做法。”事实上，小沃森不仅挽留了伯肯斯托克，他还提拔了一批他并不喜欢但却有真才实学的人。

对于有才华的个性员工，领导者可以为其安排一个更有才华的员工，去激励他进行超越，让其把注意力放在被追赶上。对于人才需要一些刺激，才能激发出人才最大的潜能。对于那些有优势的员工来说，他们并不畏惧更高的目标、更大的工作范畴、更有难度的任务，他们往往希望通过挑战这些来显示自己超人一等的能力以及在公司里无可替代的地位，以便为自己赢得更多的尊重，这就是叮在他们身上的马蝇。因此，谨慎地做好他们的工作，是提升管理绩效的关键。

越是有能力的员工越不好管理，因为他们有很强烈的占有欲，或既得利益，或权势，或金钱。如果他们得不到想要的东西，他们要么会跳槽，要么会捣乱。要想让他们安心、卖力地工作，就一定要有能激励他的东西。这种激励的东西就叫做“马蝇”，在人才的背后狠狠追赶着，让人才一刻都不能停歇。

有才华的员工往往好胜自负、进取心强，在委派任务的时候，最好用一句简洁有力、但颇能刺激他神经的话来结束：“这个任务对你来说有困难吗？”不用太多的叮嘱和干预，只要简单的话语挑起对方的好胜心即可，就可以让有才华的员工充满动力地进行工作。

6. 给思想落后的人“洗洗脑”

有一些员工思想懒散消极，对工作不用心，容易得过且过，面对工作困难更是意志薄弱。这种情况下，领导者就要为这些思想落后的员工“洗洗脑”，尤其是对于团队内青年员工的思想教育更不能落后，每一个青年员工都是可塑之才，却往往因为思想跟不上而泯然众人。

很多领导者都把员工的工作能力当作最重要的标准，觉得员工的思想、性格都是无关紧要的，忽视人的思想对其能力的决定性作用。这就导致了领导者在思想教育工作中缺乏情感投入，不能及时准确把握员工思想动态的变化，不能及时解决员工工作、生活、情感上出现的问题，等到问题成堆后或尖锐后再去解决，往往花费许多的人力、物力和财力，效果却并不尽如人意。

优秀的领导者会对思想落后的员工进行教育，并且建立统一的企业文化。联想有“入模子”教育，所谓“入模子”，意即企业像一个模子，有独特的企业管理和文化要求。所有加入公司的员工，都要进到模子里熟悉公司的企业文化。员工通过企业文化培训，促进公司员工的价值观以及行为方式的统一。

1982 年底，乔布斯特意带着麦金塔电脑小组来到了一百多英里外的海滩，举行了一次静修大会，

乔布斯给每一个小组成员一件 T 恤衫，上面绣有麦金塔的口号，甚至连乔布斯自己都穿着一件，他告诉成员们，他们正在做一项伟大的工作，所以一定要全力冲刺才行。当时的士气高涨，每个人都

非常刻苦，丝毫不在乎自己的休息时间是否越来越少了，他们凝聚为一体，就是为了完成这伟大的目标。

这一过程就是对员工的思想教育，乔布斯通过集体的“静修”“宣誓”、穿同样的衣服，来把自己想要的思想传递给员工并使其接受，最终形成统一的战斗力。很多领导者会通过建立企业文化，来统一员工的工作思想，把企业的价值观传达下去。马云说：“很多公司招聘员工的时候只谈工作、薪资和能力，几乎不谈公司的使命和文化，这从一开始就让你的公司少了凝聚的精神。企业文化就是企业发展的DNA。它决定了你公司的性格和命运。”

阿里巴巴在中国的企业界中有着独特的企业文化。阿里巴巴的办公环境是五彩缤纷的，主色调是活力十足的阿里橙色，整个阿里巴巴没有空白墙，都被员工设计成了各种颜色的“文化墙”，连厕所也不放过。马云还带来了“倒立”文化，让员工有问题想不通时、工作疲乏时就可以在墙角上倒立，马云称这是换一种视角看问题。

阿里巴巴最具特色的是每一个员工都要有一个花名，马云是个金庸迷，他带头给自己起了一个“风清扬”的花名，随着阿里巴巴员工越来越多，金庸小说人物已经不够用了。除此之外，阿里巴巴总部里面有“光明顶”“达摩院”“桃花岛”等等，这些都是会议室或者其他部门的名字。企业文化包括文化观念、价值观念、企业精神、道德规范、行为准则、历史传统、企业制度、文化环境、企业产品等，其中价值观是企业文化的核心。企业员工的凝聚力靠的是一种认同感，大家都认同共同的目标、共同的环境，而企业文化带来的就是这种氛围。

企业文化可以变成一种专属的思想文化，领导者可以运用企业文化帮助员工进步，提高员工对工作的认知，很多工作上的问题都可以用企业文化来解决。如员工不努力工作，员工纪律太差等等问题，领导者苦口婆心地教育收效甚微，大事小情都用制度管理又显烦琐和无情，最好的办法就是用企业文化来提高员工的思想认知。让他们意识到努力工作，融入团队当中才能够充分发挥自己的才能，为企业创造更大的价值，企业才不会亏待他们。

7. 优化组合，让每个人都能和谐工作

一个成功的团队必定有良好的组合搭配，一个优秀的领导者也必定懂得优化团队组合，让每个人都发挥出最大的才能，让每个人都能和谐工作。

心理学家发现，当群体一起执行任务或者执行任务有他人在场的时候，个体工作的效率要比单独完成任务时低，个人活动的积极性和效率都会大打折扣，而且还有“群体越大，干活越少”的趋势。并不是每个人都是高效率人士，优秀的领导者是能在一个群体之中激发出个人的力量，打造出协作性团队。

马云对于团队的理解是一定要优势互补、团队协作，团队里的每一个人都主动展现自己的能力，同时又有人约束，团队里的每一个人都是一条线，最终拧成一股绳。团队达不到这样的观念就会像“三个和尚没水吃”一样，各自为政，最终谁也喝不到水。所以好领导都是能带团队的领导。

世界上没有一无是处的人，聪明的领导者善于用人之长，避人

之短，并且能够使他们做到“物尽其用，人尽其才”。美国著名成功学家卡耐基认为，要想掌握高超的用人之道，必先要做到知人善任。知人，就是要了解人。聪明的领导者在这方面的能力要远超常人，知人善任是领导者必须掌握的素质。

善任，就是要善于用人，指的是对人要使用得当，充分考虑人才的具体特点，把他放到合适岗位上。比如，有的擅长分析，有的擅长综合，有的擅长管理，有的善于交际等等。特定类型的才能应与特定的工作性质相适应。

优秀的领导者能够让手下的员工“职以能授”，给予他的职务应最能刺激他发挥自己的优势。这样，既不勉为其难，也不无可事事。扬其所能，其工作自然积极，管理效能也必然提高。

有专家打了这样一个比方：假如日本最优秀的员工与欧美最优秀的员工作一对一的对抗，日本员工多半不能取胜；但如果以班组和部门为单位比赛，日本总是占上风。为什么？因为日本企业更强调团队的力量，强调团队的配合。

优秀的领导者明白：合适远远要比优秀更加重要。在分配工作时，“合适”比“优秀”更重要，“人事相配”是正能量团队的基础。领导者只有把员工的才能发挥出来，很好地满足岗位的要求，才称得上是成功的管理者。如果把擅长木工的人安排去砌墙，把擅长游泳的人安排去跳高，那么既得不到一个理想的结果，又会打击员工的积极性，影响团队的士气。对于擅长木工的人就安排其去做木工活，擅长游泳的人就让其去游泳，这样不但能取得一个满意的结果，而且人们做自己擅长的事情，不仅能做得顺手，而且心情也会愉悦起来。在一个团队里，只有每个人都能把自己的工作做得顺手，获得成就感，整个团队才会有不断向上的正能量。

管理学大师彼得·德鲁克强调，企业最终的关键是“让员工众志成城，调动员工的积极性与潜能，为企业创造绩效”，因此，建设高效团队尤其显得重要。而团队的高效来源就是合理的搭配，明太祖朱元璋认为，打天下和造房子是一个道理，伐木挑石，搭建盖瓦，必须用到武将；房屋架构出来以后，粉饰墙面，置办家私，则需要文臣，否则，这房子就没法住人。看朱元璋的队伍，确实也是文武兼而有之。武有徐达、常遇春、汤和等人，文有刘伯温、朱升、李善长等人。

一个优秀的领导者有点石成金的手段，让下属之间产生化学反应，他会对下属进行充分合理的相互搭配，让不同的下属都产生巨大的生产力。

如今，优秀的团队创造更高的绩效，已经是企业领导者的共识。人们断言：企业最根本的竞争优势既不是来自技术、发展战略，也不是来自传奇式的英雄，而是来自它的团队。所以，创建高效团队是每位领导必须做到的，只有强大的团队，企业才能在市场的浪潮中立于不败之地，才能发展壮大。事实上，每个成功的领导者后面都有一支如雄狮猛虎般的管理团队，在他的带领下一往无前，所向披靡。

8. 不要试图让每一个人满意

有一些领导者希望树立一个良好的形象，想让每一个员工都满意，于是怕得罪各部门负责人，被疏远孤立，伤了和气；怕得罪下属，影响人缘，不拥护自己……

在工作中，由于怕得罪人，就对员工的不良现象睁一只眼闭一只眼，还袒护下属，好像谁也不得罪就是最好的处世之道。这样的后果就是团队战斗力急转直下，领导者的威严也消失殆尽。因为领导者谁也不想得罪，就要处处讨好员工，员工也就越来越为所欲为。

管理者如果做“老好人”，是对自己的不负责，是对企业的不负责，是对下属的不负责。做“老好人”其实是推卸责任，“老好人”虽然维护了和别人表面的和谐，但实质上无法掩盖部门工作效率不高，员工没有进步的事实，最终不仅让自己过得很辛苦，团队也毫无凝聚力。

领导者不要去试图讨好自己的员工，可以对员工好，但不要讨好，在必要的时候哪怕得罪员工，也要维护团队的纪律与和谐。在《华尔街日报》记者由香里·凯恩的书《困境中的帝国：没有乔布斯的苹果》中，她对库克做了以下描述：“当某些人无法回答问题时，库克就会坐在那里一言不发，员工们盯着桌子或是转动自己的座椅。气氛如此压抑，每个人都想逃离这间屋子……有时，库克在等答案时会从口袋里掏出能量棒，整个会议室安静得只能听到撕包装纸的声音。”这就是敢于得罪员工的领导风范。

领导者无论如何尽力都不能让所有人都满意，既然如此就不要追求“老好人”，杀伐果断一些，该做判断就做判断，该批评员工就批评，这样强势的领导者才能得到大部分员工的信赖。

爱护员工跟当老好人是不一样的，而且用功上进的员工也不会喜欢老好人领导。雪莉·桑德伯格是现任 Facebook 首席运营官，曾任克林顿政府财政部长办公厅主任、谷歌全球在线销售和运营部门副总裁。在2007年，桑德伯格与扎克伯格一见如故，她加入了Facebook，两年时间内，桑德伯格就用精确植入广告的形式，帮Facebook由两年前资金几乎“有出无进”的状态转变为年收入数亿美元。

在桑德伯格加入Facebook半年后，扎克伯格找她进行了一次工作总结，扎克伯格这样对她说：“‘赢得每个人的喜欢’这种想法会阻碍你的发展。当你想要让事情有所改变时，你不可能取悦每个人；而如果你去取悦每个人，你就不会获得充分的进步。”

的确，如果领导者试图去取悦每一个员工的话，团队就不会取得进步。慧聪网董事局主席郭凡生对员工很严厉，他不会试图让每一个员工都“悠然自在”。在2003年“非典”期间，慧聪公司实行了严格的自行隔离封园。如果有员工要一定出园，“可以，你先交辞职报告，然后出去了就不许再回来。”结果，住在慧聪园的一名女员工因为不顾劝阻执意出园而被立即开除。郭凡生表示自己不会考虑该员工的感受，因为已经下了命令还要触犯，就必须给予处罚。郭凡生说：“我还是那句话：令行禁止，令要行得通，止要止得住，乱世必用重典。哪怕有人去投诉，哪怕最后我要赔钱，我也要在公司树立起规矩的威信。”

一个真正能够赢得爱戴的领导者都是严厉的，真正能为团队带来正面作用的领导者都会在必要时“修剪”自己的下属。一个只想当老好人、只想取悦员工的领导者，并不能让下属成长，因为他不愿指出和制止一个人的错误，而这是一个人成长的必要条件。

不懂得批评人，不愿意得罪人的领导者，其团队看似其乐融融一团和谐，实则早已失掉了领导者的威信，阻碍团队的进步。

所以，领导者不能只会“唱白脸”，还要会“唱红脸”，二者的转换要自如，不会让每个人都满意，但要追求大家都接受的公平，可能一些制度和法令会对一些员工不利，这也没关系，一切以团队的利益为核心，员工也会理解的。

9. 对有能力却不服管理的刺头念念“紧箍咒”

对于企业来说，聪明是招人的时候很重要的一个指标。但是，聪明并不是唯一重要的因素。团队为了高效运转，还要勤奋努力、办事可靠，在团队里充分展现出员工的优秀。而既优秀又听话的员工人人都想要，但并不是团队里每一个员工都是如此，团队里一般有几个聪明的员工就够让领导者头疼的了。

聪明的员工很容易变成“坏员工”。有一些年轻气盛却有高超能力的员工会很叛逆，他们自觉领导者以及团队里其他人都不如自己，不想被任何人驾驭。聪明的员工往往能够展现自己的能力，为团队做出突出贡献，但是帮助团队进步外，他们还可能做别的事。比如他们还会故意找茬来显摆自己。比如说，他们会认为公司正由一群白痴运作、前途灰暗。员工越聪明，这种做法对公司的危害就越大。这种聪明的员工会给公司带来非常严重的打击。因为若他足够聪明，别的员工可能对其进行模仿。

《创业维艰》里面讲了三种员工：一种是叛逆的员工；一种是性格古怪的员工；一种是刚愎自用的员工。作者在文中说道：“如果公司管理人员中有人脾气暴躁、刚愎自用，公司或者部门内部很难组织起来。因为这些人的交流方式非常不友好，所以当他们在场时，别人就不愿意说话。如果这个人不聪明，就不会有人在乎他说些什么。小狗嚷嚷了也无所谓，大狗咬人了才会痛。如果公司里有只这样的大狗，让公司成员之间不能好好交流，那么就该把它关到笼子里去了。”

管理不是一种控制，想让那些叛逆的刺头员工服从，首先要让他们对管理者产生认同。当员工不认同领导者的管理时，任何让其服从的手段都不管用。天才大都颇有性格，遇见这种天才员工领导者只是批评对方，是无济于事的。领导者要懂得通过各种办法来“降服”总是惹出麻烦的刺头员工。

首先要考虑到团队有没有健全的考核机制和晋升体系，对于一个总是不承认错误却效率低下的员工来说，良好的考核体系，能让他无话可说地接受惩罚。其次还要建立一个健全的人员退出机制，公司对人员的工作表现应有明确的原则与标准，从业绩考核、重大违纪、价值观评价、能力素质评价、聘任周期等多个方面，设定相应的退出标准。一旦出现刺头员工，就立即清理，辞退的时候有理有据，拿得出理由。

在团队中出现刺头员工，与领导者起冲突是很常见的。当这种员工出现时，领导者不能“躲”，要正面面对，当断则断，绝不手软。

有一位管理学者总结了四种刺头员工的表现和处理方法：

一、乱提意见的人。这种人总使领导者下不来台，他们自己对公司问心无愧，总是乱提问题显摆自己的才能，以为让别人哑口无言能显得自己很出众。大部分领导者之所以容忍这种人是因为他有才华，具体的解决方法就是将其排到分公司或者其他部门去，这样做既留下了有用的人才，又避免了冲突。

二、常犯同一种错误的人。这种员工不思进取，做事总是马马虎虎，领导者只能给这种人说明完成任务的规定，并解释必须这样做的原因。领导者还要强调制度的重要性，表明多次犯同一个错误将要面临多严厉的惩罚。

三、爱摆谱、自负的人。这种员工大多心眼不坏，功过态度也没有太大问题，只不过就是爱显摆而已，对此领导者可以通过引进更有能力的员工，来让他们明白人外有人的道理。

四、组织纪律性差的人。这种员工总会拖延工作进度，或者上班经常迟到。领导者要对其强调纪律的威严，对其严厉惩罚绝不留情，如果还是一而再，再而三地违反纪律，不妨将其清出团队，以免对团队造成持久伤害。

第 9 章

雷厉风行，
形成团队的快速反应机制

Everybody should
be activited in a
good team

1. 领导的速度决定团队的效率

团队成员的能力和素质决定了团队的下限，而领导的领导艺术则成就了团队的上限。一个团队能够成长到何种程度全看领导的能力，以团队效率而论，是领导的速度决定了团队的速度。

1933 年，美国正深陷经济危机，银行成批地倒闭，全国银行库存黄金不到 60 亿元，却要应付 410 亿元的存款挤兑。银行门前人山人海，挤兑风潮遍及全国，就在罗斯福宣布就职的那一天，全国金融的心脏停止跳动，证券交易所正式关闭。

然而罗斯福力主新政，厉行新政，使美国摆脱困境。瑞士心理学家荣格见过罗斯福后对人说："这人浑身是劲，他智力超群却又难以捉摸，可是说干就干，厉害得很。"罗斯福上台后，雷厉风行地开始了"新政"。在上任后短短三个月左右的时间里，国会与他高度配合，一口气制定了 15 项重大立法，先后出台了《紧急银行法》《农业调整法》《国家工业复兴法》等法案，极大地缓解了经济危机的负面影响。

美国麻省理工学院一位著名的管理学专家认为，作为领导者，在其综合素质上，有三方面是属于核心能力的，即决策、用人、专业。而这三方面侧重点又各不相同：对于领导者来说，最重要的是决策，占47%；其次是用人，占35%，专业只占18%。做出了决策却没有行动力，也会导致决策“流产”，所以可以看到大多数优秀的领导者都是“雷厉风行”的性格。

如果说企业是一台运转着的机器，领导者便是调速器。领导者的办事风格对于企业效益有着很重要的影响。领导者不愠不火，企业运转也不急不慢；领导者雷厉风行，企业运转速度也会加快。谁在经营管理决策上善于筹谋与行动，谁就有可能在市场上领先一步，抢占到制高点，并保持永不落后市场的结局。而相反，如果遇事犹豫不决，或者做决定时也瞻前顾后不能雷厉风行，那么也只能错失良机。

领导者的雷厉风行是对团队风格的建立，一个懒散拖拉的领导者是绝对不可能拥有一支效率高的团队。领导者对于团队风格的建立是至关重要的，你会看到众多著名企业家旗下的团队，也被深深地打上了企业家的个人烙印，是风格硬朗还是雷厉风行，全都有领导者的影响。

董明珠领导下的格力，从一个年销售额100亿左右的空调企业成长为年销售额1200亿元的家电巨头，创造了无数神话。董明珠辞掉工作到南方打工时，已经36岁，她来到了格力公司做基层业务员。董明珠凭借着惊人的毅力与“死缠烂打”，40天追讨回前任留下的42万元债款，令当时的总经理朱江洪刮目相看，成为营销界茶余饭后的经典励志故事。

董明珠的做事风格就是雷厉风行，说做立刻就做。董明珠当上格力总经理后，面对着在隆冬时分积压了19000套空调的难题。对此，大家通常的做法是每台降价300元卖出了事。董明珠说：“不行，正常产品降价有损形象。”她出人意料的做法是把积压空调分摊给每个经销商。销售员没想到新官上任的三把火会烧到自己身上，而且烧个没完。

有一个年销售额达 1.5 亿元的大经销商，来格力厂要求特殊待遇，语气中透着不容商量的傲慢。董明珠非但没有理他，反而狠狠反击：把他开除出格力经销网。所有人都在为这位女上司捏一把汗，一个位子还没有坐稳的销售经理，一天之内，竟毫不犹豫地扔掉 1.5 亿元的年销售额。董明珠的回答很简单：只要违犯原则，天王老子也给我下马。董明珠就是这样雷厉风行，所以她的下属执行任务起来也极为迅速，从来不拖拖拉拉。

乔布斯也有着无与伦比的雷厉风行性格。据一位苹果高管回忆，当年有一位刚刚加入苹果几个月的产品经理，正在设计一个新的产品，不过有很多问题。乔布斯的会议上，他看到产品中的问题迟迟不能解决，就对该产品经理大发雷霆，他直接冲着倒霉的产品经理一通咆哮，怒火烧到顶点时，乔布斯激动地挥舞着手臂，用手指敲打着产品经理的脑袋。乔布斯的雷厉风行还体现在他曾经在电梯里遇见一位员工，立刻就问对方叫什么名字、做什么项目、对公司有什么价值、未来有何计划，对方支支吾吾打不上来，走出电梯的乔布斯扔下一句："好吧，你明天不用来上班了。"

领导者必须拥有雷厉风行的工作作风，任何一点拖拉、缓慢，都有可能造成组织的损失。尤其在遇到问题时，优秀的领导者往往能够展现出远超常人的反应速度和能力，迅速地把问题解决掉，把不良影响消除在萌芽状态，将风险降至最低，这种魅力是非常难得的。

2. 一流的执行比一流的点子更重要

有一次，日本软银集团总裁孙正义和马云坐在一起探讨这样一个问题：一流的点子加上三流的执行水平，与三流的点子加上一流的执行水平，哪一个更重要？结果两人一致认同了后者。马云的理由是，工业时代的发展是人工的，而网络经济时代一切都是信息化的，难以预测。只有一流的执行水平，才能解决三流的点子或者其他原因带来的缺陷。

《华为的高效执行力》一书写道："要提高企业的执行力，不仅要提高企业从上而下的执行力，还应提高每一位员工、每一个部门的执行力。因为执行的核心是人。"团队的执行力根本在于领导者，罗伯森·沃尔顿说："沃尔玛能取得今天的成就，执行力起了不可估量的作用。"可见，优秀领导者对一项决策的"执行力"的重要性有着多么深切的体悟。执行力是实现战略的重要保障，只有执行到位，才能有实现战略的可能。

领导是执行的主导者，提升部属执行力的关键在于领导。领导力决定执行力，执行力保障领导力，二者相互推动、相互促进。真正的领导者会为自己的团队制定下极为高效的执行标准，你会发现那些做出真正成绩的团队都是拥有着高效执行力的，他们做事毫不拖泥带水，会在规定时间内完成任务，从来不逾期，而且不断地挑战下一个更高的目标。

柯林斯写的畅销书《基业长青》中，柯林斯经过对几百家基业长青的企业调查研究发现，大部分成功的公司并不是伟大的魅力型领袖所创建的，人们很快就把一个 CEO 给忘掉了。GE 的韦尔奇是中国企业家喜欢的榜样，但 GE 的持续靠的不是韦尔奇，GE 靠的是它拥有一个制度化的高效业务管理系统。无论谁当总裁，GE 可以做到所有的重大战略举措一经提出，在一个月内就能够完全进入操作状态，而且总是可以在第一个循环就能在财务上获得很好的效果。所以谁当 GE 的 CEO 都会很出色，因为他有了架构及很强的企业执行能力。

为什么很多创业者，有高水平的人才、新颖的创意，自己同时又具有搏击商海的果敢和胆识，却偏偏不能成功呢？问题就出在他的团队上，他们的企业团队了往往有创意的人很多，但能执行创意的人却很少。事实上，决策需要得到严格执行和组织实施才能取得期望的效果。一个好的执行人能够弥补决策方案的不足，而一个再完美的决策方案，会死在差劲的执行过程中。

史玉柱说："一家公司应该营造这样一种文化氛围，就是谁的执行力强谁的地位就高，而不是谁出了好点子谁就厉害。有了好的决策之后，如果团队执行力不强，打败仗的概率就会很高。如果团队的执行力很强，甚至会纠正、弥补决策中的一些缺陷。"真正的领导者会为自己的团队制定极为高效的执行标准，你会发现那些做出真正成绩的团队都是拥有着高效执行力的，他们做事毫不拖泥带水，会在规定时间内完成任务，从来不逾期，而且不断地挑战下一个更高的目标。

脑白金和《征途》两个团队的执行力相信给许多人留下了深刻印象。史玉柱带领下的脑白金曾经几乎一夜之间成立遍布全国的 2000 多个办事处网络，上万个销售终端，动作划一，令行禁止。而且整个系统运行多年却依旧保持高效，且基本不出故障，保障了脑白金迅速销往全国各个城市、乡村，成就了脑白金的销量神话。

史玉柱贯彻的原则就是，不管你的点子如何，关键是要有超强的执行能力，以结果论英雄，这是市场竞争的必要条件。在史玉柱的管理小册子有终端管理手册、周边市场管理手册、办事处管理手册、经销商管理手册等等，大多就几页纸样子。史玉柱从中找到贴近市场的想法，立即制定方案，又让他的团队迅速执行，而且必须执行到位。

企业的执行力问题根源在于领导，因为执行力是自上而下的，一些领导者战略模糊不定，任务朝令夕改，自己的员工根本没有一个清晰的目标，团队也没有严格的纪律，何谈执行力？所以，一个好的领导人才能带出强大的执行团队。它来源于明确的目标与责任人、即时的激励、严格的考核、畅通的沟通、有效的辅导等方面，这些都属领导力的重要范畴，也是打造团队执行力的重要保障。

3. 迅速拍板稳定军心

经济学家厉以宁指出，企业家是一种“素质”。其第一条件是要有独到的眼光，善于发现别人不能发现的机会。第二条件是要有胆量，敢于拍板，而不是停留于纸上谈兵，必须能用迅速拍板来稳定军心。

有位企业家深有感触地说：“一个好的企业领导人不能拖拖拉拉，迟滞决策。因为一个再正确的决策，如果做迟了，也会是错误的。”优柔寡断的领导者只能将团队带进不安定的状态，最后甚至成了自己的致命伤。因而，领导者必须有对事情迅速做出判断和选择的能力，有敢于对事情的过程和后果负责的精神与魄力。

奥纳西斯是闻名世界的希腊船王，他是在灾难中做出迅速决断而发家的。1929 年发生在世界范围内的经济危机，把阿根廷经济推入灾难的深渊，并且给海上运输业也带来了沉重的打击。此时的奥纳西斯听说加拿大铁路公司准备拍卖 6 艘货船，这几艘船购入时每艘价值 200 万美元，可是现在却要以几万美元的价格拍卖。

奥纳西斯立即坐飞机赶往加拿大谈这笔生意。他身边的所有人都以为他疯了，因为当时的全球海运量已经下降到上一年的 35%了，很多搞海运的恨不能离得远远的。奥纳西斯却反其道而行。尽管用超低价格购入货船是赚的，但是航运低迷这船买来也没什么用，并且 6 艘加在一起也不是小数目。

奥纳西斯不置可否，他知道这次机遇一定要把握住，全球经济复苏是必将到来的。果然，当经济复苏之后，奥纳西斯买的这几艘船身价倍增，他转手卖掉，赚了几百倍。奥纳西斯一跃成为海上霸主，资产翻倍增长，最终成为世界闻名的船王。

奥纳西斯的成功就在于他果断拍板的能力，众人反对、形势不好，这些都没关系，奥纳西斯哪怕孤注一掷，也不会在犹豫中错失机会，更不会让自己的下属看到自己瞻前顾后的样子。对于领导者来说，当机立断是一种品质，也是一种手段，这是领导者领导力的一个重要素质体现。

思科公司总裁约翰·钱伯斯说："如今的商场形势，已经不再是大鱼吃小鱼，而是快的吃慢的。"这就是著名的"快鱼法则"。杰克·韦尔奇曾把决断力推到无比重要的位置上。韦尔奇指出，一些精明的人或许能够并且很完美地从各个角度来分析问题，但是，有决断力的人却知道什么时候应该停止议论，即使他并没有得到全部的信息，也需要做出坚决的决定。

1884 年 11 月，美国爆发大规模金融危机，市场上掀起了抛售证券抢购黄金的狂潮。当时，美国财政部黄金迅速大量外流，国库频频告急。为了消除金库空虚带来的经济恐慌，无计可施的白宫找到约翰·摩根，求他帮助筹集巨额资金。

约翰·摩根老谋深算，他事先其实已经探知到国库存款很少而且已经陷入危机中去了。于是，他当机立断，一边操纵华尔街的银行家冻结资金，一边向政府提出由摩根银行取代财政部承办黄金公债的条件。这个“狮子大开口”的苛刻条件，虽然令克利夫兰总统感到非常难以接受，但最终还是不得不在老摩根面前甘拜下风。在与总统达成协议的当天，老摩根取出大量美元帮助政府成功救市，并一下子从黄金公债的市场差价中净赚 1200 万美元。在这次较量中，全靠老摩根的果断。

美国麦克金赛管理公司曾对管理卓有成效的 37 家公司做过一项调查，结果发现领导获得成功有 8 个条件，其中之一就是行动要果断。唯有准确判断，快速决断，果敢行动，才能把握制胜权。

两支登山队同时攀登喜马拉雅山，在攀登到 6800 米时遭遇了强风暴，他们扎下了宿营地，整整三天风暴依然呼啸。他们开始争吵是继续前进，还是原路返回，这个抉择会决定每一个人的生命走向。最后第一支登山队队长决定原路返回，第二支登山队决定继续攀爬。几天后第一支登山队安全撤退到大本营，而第二支登山队全部葬身于雪山之上。

即便是特别紧急的决策，通常也会有几分钟的时间考虑。这几分钟的时间完全可以用来深思自己的决定，真正有能力做出正确决断的领导者大都会在这个阶段想好利弊，做出决定。并不是说每一个领导者做出的决定都是完全正确的，也会有一些失误的存在，但是这总归要好过犹豫不决、拖延决策，所以领导者关键时刻该做决定就应该拍板，切忌优柔寡断，才能展现出一个值得信赖的形象。

4. 该放权的时候果断放权

有一句话是这样说的："一流的领导者只做人不做事。"有一些企业家做事能力十足，团队成员也很优秀，做事效率却并不高，问题就出在了领导者没能充分授权上。

领导者事必躬亲，凡事都亲自吩咐、叮嘱，把每一个步骤都想好交代给下属，下属就"沦"为一个执行命令的角色，他们不用考虑任务要如何完成，只是按照领导的要求去做而已。最终，领导者变得越来越忙，员工变得越来越轻松，效率越来越低下。

拥有 20 多年企业管理经验的日本管理顾问山本真司，在其著作《你是在做牛做马，还是做主管》一书告诉团队领导者，升上高位之后，不应该还是一味硬拼蛮干，而是应学会善用管理技巧，"放下做牛做马的哀怨"，做个轻松又称职的主管，让工作团队自发工作，自己完成任务。

领导者必须明白，凡是下属可以做的事，都应该授权让他们去做，领导者只应做领导应干的事。凡是已经授权给下属去做的事，领导者就要克制自己，不要再去插手，领导者只需管那些没有对下授权的例外事情。

一个领导者若是把所有的活都揽在自己身上，那么下属就不会得到成长和锻炼。但是这也并不是说领导就应该把所有事情都交给下属去做，如果一个团队已经成长起来，下属都能够独当一面，那么领导者就应该放手，转而去关注宏观战略方面的问题。如果团队还未能独当一面时，领导者应当努力地寻找办法，去推动团队成长，去打造团队，而不是去替下属解决所有问题。

领导者的作用不仅仅是给下属发号施令，更是下属的协助者，而且领导者还承担着为下属提供支持的责任，以自己的所长弥补下属的不足，确保下属按时高效完成工作。优秀的领导者敢于放手让员工去做，不会过多干预下属的具体做法，意图把下属最大的潜能给激发出来，这样领导者还可以把更多的精力投入到更重要的事物当中。

如果真的想让自己的团队迅速成长，并且能够独当一面，那就要给予下属充分的授权，甚至可以允许他们犯一些错误，给予他们更多的发挥空间，告诉他们不要怕承担责任。让下属得到充分权力，下属往往能够有极佳的表现，不负众望。

美国投资大师乔治·索罗斯是一个典型的对部下“放任自由”的人物，公司的很多事情都交给员工去打理。索罗斯甚至鼓励员工“先斩后奏”，他告诉员工很多事情不用跟他汇报，自己拿主意就好，否则会错失掉很多时机。索罗斯之所以如此做法，是因为他曾定下规矩“任何文件都要亲自过目”，所以办公室里的文件堆积如山，根本看不过来，极大地拖延了效率。索罗斯这才分权给自己的部下，索罗斯的办公室再也见不到文件堆积的现象了。有的时候，索罗斯还自我解嘲道：“这帮家伙现在都把我放在一边，不再理我了。”正是因为索罗斯敢于授权，鼓励下属承担重要任务，他才有更多的时间放在思考上面。

授权并不是意味着对员工不闻不问，任其“胡作非为”，而是让员工主动承担起属于自己的责任。如果不为员工创造机会，他们就永远不会成长，也理所当然地适应不了现代社会的激烈竞争。这对于员工是极其不负责任的，更重要的是还会埋下祸乱的危机。领导者要鼓励员工在自己的权力范围内充分发挥自主性和灵活性，任何一个决定不需要事事征求高层的意见。领导者只需要在员工偏离方向的时候，提醒员工，让他们及时回到正常轨道上来。

下属们并不能只做一个“提线木偶”，永远都听领导者的指挥是不行的，无论公司的领导者的能力有多强，也不可能凭自己的力量做完所有的事情。所以，企业家要合理分权给自己的中层干部，既减轻了自己的压力，又锻炼了下属们的能力，是非常合理的一举两得的做法。

5. 执行力不讲如果，只讲结果

对于团队来说，执行力就是看结果，不看过程。因为过程再完美，结果不好，过程也就没有意义。与之相反的是，很多领导者都注重团队做事的过程，即便最终结果不过关，也能够找出诸多理由，团队很努力，只是差一点运气，在这种情况下，对团队应该惩罚还是奖励呢？

史玉柱有一句名言：“只问功劳，不问苦劳。”苦劳对一个企业没有任何贡献，它不会带来任何利润……如果将这句话明确地提出来，只认功劳不认苦劳，并将之灌输下去，一旦得到认可，企业的效率会有很大的提高。

史玉柱表示，在巨人第一线的销售人员做不好连300元的底薪也难保，如果做好了就可以拿到高得惊人的销售提成。史玉柱还制定出十分特别的激励政策：对于完成销售任务最好的前5位，史玉柱给予金光灿灿的奖杯以示表扬，而对于末尾的5个市场开拓团队，则交以黑色锦旗一面，上书烫金的“倒数第×名”字样。

史玉柱从来不会问手下的销售成绩为什么差，他只看每个月的销售报表，表现好拿高奖金，表现差就拿几百块底薪。在史玉柱这种强势领导下，巨人的销售网络曾经创造一夜间“占领”中国的奇迹。强势领导从来不会让自己手下的团队找借口，无论过程有多么艰辛，唯有结果论成败这种态度，才能成就高执行力的团队。

在工作中，常常遇到“虎头蛇尾”的情况，计划安排得当，工作分配合理，干了几个月后，效果却很差。这是由于团队把精力都放在了准备和计划上，而没有放在结果上面，而以结果为导向才能产生执行力。在彼得·德鲁克的管理理念中，企业执行力来自领导者与下属共同的责任，整个团队上下都要以结果为导向，以成绩为标准，注重最终结果，才能提高下属的紧迫感，执行力也就提升了。

华为创业期，价值标准是“只以成败论英雄”。任正非描述：“一个团打山头，你打不下来，当场就把团长撤了，让连长当团长，最后山头真的打下来了，这个团长就给连长当了……小公司必须靠高层行政管理的决心来推进公司前进。”团队懒散气氛的养成有很大一部分原因在于，领导者总是对下属“网开一面”，任务没完成是因为有客观原因，就照原计划奖励；做错事是因为个别员工偶尔失误造成，也不责罚团队……基于这样的态度，下属就会认为任务完不完成都无关紧要，所以领导者会以结果为导向，每一件任务都注重结果，在奖惩上不近人情，才能打造出高执行力的团队。

史玉柱和马云曾经在飞机上讨论“企业家一定是坏人”，这种“坏”领导不讲情面，管理方式强硬，然而在激烈的市场竞争中，企业要想站得住脚，就需要一个强有力的领导。李彦宏就是这样的领导者，他个人以高效率著称，他的团队以高执行力完成了一个又一个艰难的任务。2000 年，在北大资源宾馆，百度 7 人技术团队昏天黑地奋战 4 个月后，顺利完成第一个项目——为硅谷动力提供搜索服务。在这 4 个月，百度“七剑客”加班加点甚至通宵达旦，李彦宏更是吃住工作全部在那里解决。

随后，李彦宏又启动“闪电计划”，他亲自担任组长，告诉团队不允许找任何理由休假，不允许找借口失败，甚至要求团队成员住在公司里，仅仅 11 个月后，“闪电计划”全面革新了百度搜索技术，让百度搜索在日访问量、日下载量、网页反应速度、内容更新速度等方面都远远超过了对手。

执行力的核心是管控。戴尔电脑创始人迈克尔·戴尔说：“执行力是每个环节不折不扣得到落实，包括流程检查系统和奖罚标准等。”如李彦宏吃住在公司与技术人员一起奋战，既表明了决心，又随时随地在管控团队。想要提高团队管控力，首先就要明确分工，建立一对一责任，其次领导者要进行跟踪检查，对制定的标准和任务进行彻底的监督检查，最后就是要奖惩到位，这既为跟踪检查提供了执行保障，又可以保证对奖惩标准的正确执行。

强势的领导者会对团队进行严格管控，保障任务执行过程中的每一个步骤的正确性，这样极大地缩减了失误的发生，消除可能发生的失误，就能留下好的结果了，执行力自然就提高了。

6. 团队执行力：现在、立刻、马上

有一句话叫做这是一个大鱼吃小鱼的时代，但是现在企业家们更认可现在是一个“快鱼吃慢鱼”的时代。

山东著名企业家魏吉英说速度在企业竞争力中越来越重要，当企业做出决策后，要求的是现在、立刻、马上去执行，不允许有半点拖延，这样的执行力才是最高效的。当今激烈的市场竞争中，衡量一个企业、一个团队、一个员工的执行力，关键是看速度、看效果。如果一个团队在保证任务完成的同时，以更快的速度去执行，那么这个团队将会所向披靡，这个企业将会前景无限。反之，如果团队执行速度慢，就会贻误商机，降低效率，就会难以达到预期目标。

2003 年，马云提出了阿里巴巴全年赢利 1 亿元人民币的目标；2004 年，马云为阿里巴巴定下了每天赢利 100 万元人民币的目标；2005 年，马云为阿里巴巴定下了每天缴税 100 万元人民币的目标。虽然公司内外对能否完成这些目标提出了极大的质疑，但出人意料的是最终都一一实现了。这也就是马云团队为人所称道的超强执行力。

阿里巴巴团队的平均资历，在互联网公司中并非最高，但团队执行力肯定是最强的。从一些小事中可见一斑。2006 年中，阿里巴巴服务器机房整体往市区大迁移，许多人都很头痛搬家，因为在搬家的过程之中，难免会有一些东西遗失或者被损坏。然而，在这次迁移的过程中，由于工作人员的高效合作，居然一丁点儿问题、故

障都没有发生。在业内看来，这依靠的不仅仅是技术水平高超，而是一个团队的认真、执着与责任心。这也是阿里巴巴的核心竞争力，在这一点上，阿里巴巴已经远远甩开了竞争对手。

分众传媒的江南春曾说过：“有创意的人很多，但能执行创意的人很少。”仅仅领导者一个人有执行力是不够的，团队总是在拖后腿，再有执行力的领导者也无法推动。关于执行力的提速并不是简单的事，有以下几点方法：

（1）建立一套完善的控制制度

一套制度要为执行排除不必要的障碍，比如，消除繁杂的程序、严重的等级、官僚主义、推脱责任、拖延等不正之风。这套制度还要求下层每个管理人员带头落实，每个员工严格遵守，并且大家还要互相协作，只有这样，团队执行力才能成功提速。

（2）建立高速、谨慎的企业文化

企业文化是可以广泛而深刻地影响员工的，通过高速的企业文化不断地灌输，进而提升员工的执行力，这对对员工在执行力方面的改变有着重要和长期作用，每一个高执行力的团队必先有高执行力的企业文化。

（3）建立良好的沟通渠道

执行力差的一大原因就是沟通不到位，各个部门之间传个消息要经过多道顺序，再急的任务都变得不急了。建立良好的沟通渠道，及时收集并反馈信息，协调内部资源有效解决问题，促进员工执行力的提升。因为通过建立良好的沟通渠道，使得沟通起来方便快捷，避免传递信息不到位或传达错误引发工作出现被动情况。还要及时收回反馈信息，进而协调更进一步的策略，等到问题变得更麻烦再处理，势必不会有好的执行效果。

除此之外，领导者还应当建立一个行之有效的执行力培训体系，提升员工工作能力与意愿。因为企业员工在工作过程中存在不清楚该做什么、该怎么做、做到什么程度、何时何地做等问题，所以这就需要结合工作实际与员工的观念心态进行有针对性的培训，进而提升员工的工作能力与意愿。

（4）对工作保持实时监督

领导者制定完工作目标和方案，就要常抓不懈，充分发挥检查、监督与激励作用。因为如果管理人员没有做到常抓不懈或缺乏检查、监督和激励措施，容易使员工感觉没有督促或干好干坏一个样等等，进而引起员工在工作时会出现懒散甚至捣乱现象。

（5）构建合理的工作流程

明确工作目标，明确员工分工，做到职责清晰，提供工作的方式方法。因为如果缺乏合理的工作流程，容易让员工工作起来不顺畅；如果缺乏工作目标，容易让员工工作起来很茫然；如果缺乏明确分工，容易让员工工作时出现扯皮现象；如果工作方式方法不得当，容易让员工工作起来事倍而功半。

（6）积极选用执行力强的人员

通过树立标杆发挥影响作用，能够促进提升企业员工的执行力。领导者要根据岗位需要，积极选用执行力强的人员，使之带领或带动局部执行力的提升，同时根据实际需要，树立执行力强的员工作为标杆，进而促进和影响其他员工。

（7）给予适当压力

建立具有适度压力的工作氛围，使员工具有适度危机感，进而有助于提高员工的执行力。因为员工在适度压力的工作氛围中工作会建立危机意识并形成危机感，进而转换为工作动力，有效促使提升员工的执行力。

7. 有四成的把握，就带领团队去做

马云曾经说，当一件事有四成把握的话，就要去做，当有七成的把握时，就不能去做了。“如果你不去把这事情变成现实，那么什么都是浮云。如果你愿意从今天开始改变自己，一点一滴去做，那就不是浮云。”马云说，“我有时候很浪漫，想很多事，但我会问自己，愿不愿意现在立刻马上去干，如果我愿意，它就会变成真的东西。”

凡事都等到十成把握才做，也轮不到你了。著名演讲大师齐格勒曾经说过这样一个例子：世界上最大的火车头停在铁轨上，为了防滑，只需在它的驱动轮前面塞一个几厘米见方的小木块，这个庞然大物就无法动弹。但是它一旦动起来，这小小的木块就再也挡不住它了。当它开到时速最高时，一堵厚 5 英尺的水泥墙也能被它撞穿。火车头的威力变得如此强大，只在于它动起来了。团队也如这巨大的火车头。当我们只是空想而不付出行动时，就像火车停止了，无法动弹，但是人一旦开始行动，便会产生巨大的力量。

网易总裁丁磊在刚开始创业的时候，觉得写软件比较赚钱，于是他将网易定位为一家软件公司，免费邮箱的大卖使他赚得钵满盆盈。而当丁磊发现网站运营的诀窍，看到广告营收的利益时，他立即眼光一转，决定将首页向门户转变，软件公司摇身一变成了真正意义上的互联网公司。由靠技术赚钱转型为靠服务赚钱，这一战略

转型正是靠着他敏锐的市场眼光实现的。

当网易在广州发展遇到瓶颈时，丁磊马上又决定将公司大本营迁到北京。这一举动使得网易两年之内就融到巨资。

为开拓海外市场，吸引海外投资者，网易开始筹谋上市。这是网易进入国际资本市场，接受国际竞争挑战的标志，可惜遭遇滑铁卢，使得网易遇到了前所未有的失误和灾难。这时候，丁磊趁着 2001 年新浪和搜狐争相在门户内容上肉搏的时机，丁磊另辟蹊径，找到绝处逢生的机会，网易投入无线业务和网络游戏。这在当时不被看好的领域，经过一年积累就迅速井喷。

在三大门户网站中，网易的纯收入不到搜狐的三之分二，而搜狐又只有新浪的四分之一。在这种情况下，丁磊暂时放弃新闻和内容建设，大胆转型，主攻网游和短信，同时也继续保持门户网站一些服务产品上的优势。

著名的管理大师彼得·德鲁克将创业者定义为那些能够“寻找变化，并积极反应，把它当作机会充分利用起来的人”。发现机遇并不是难事，难的是敢不敢迅速出击抓住机遇。大部分人并不敢于去冒这个风险，做事便有些畏首畏尾，最终机会也就被别人抢了去。

1997 年 7 月，日本索尼公司的几名音响技术人员出于好奇，把自己公司的便携式口述录音机改装成一台四轨立体声录音机，再配上一副普通的耳机，这时产生了他们意想不到的效果：录下的声音听起来十分悦耳。

这事传到了董事长盛田昭夫的耳朵里，盛田昭夫把所有工程师、董事们召集起来，要求技术人员做演示，技术人员把基于此开发出的袖珍型单反机演示一番，结果没有人看好。大多数人的理由是“谁也不会买没有录音部分的单放机”。盛田反驳说：“那么多人在汽车里安装了没有录音装置的立体声播放机。因此，这种产品肯定会有销路。”面对没把握的市场，盛田昭夫一声令下，让索尼公司大规模生产单放机，从策划、试制、改进到准备好生产线，以及发广告、包装、命名等工作，这一新商品只用了五个月的时间。它一上市，果然不出所料，成为年轻消费者的宠爱之物，并且很快风靡全球。

有一些领导者习惯于瞻前顾后，很怕做错决定。但是要知道，不做决定是最保险的，却也是永远无法进步的。如果连小事都犹豫不决，团队不可能有执行力，执行力重在行动，需要领导者立即拍板带领团队前进。

李嘉诚还只是一个塑胶厂长时，他在英文报纸上看到有厂家用塑料生产塑胶花，销量特别好。李嘉诚就立刻抓住了机会，他飞去欧洲学习该项技术，又用以最快的速度从意大利引进了设备，并花重金聘请了塑胶花专业人员，大力开发塑胶花。由于动手早，李嘉诚抓住了人无我有独家推出塑胶花的机会，并运用低价策略，迅速占领了香港的塑胶花市场，从而使企业得以迅速发展。

机会面前人人平等，敢抓住机会才有成功的可能。领导者首先要有自信的勇气，其次要有准备。既不能不敢冒险，又不能盲目冒险，若目标只有四成把握成功，那就要在充分准备之下进行，才能够提高成功率。

8. 处变不惊，体现出大将风度

在面临危机之时，人们总是慌不择路，这个时候就需要一个镇定的领袖站出来引导大家，而领袖的作用就再次体现了。领导者不能先慌乱，当遭遇重创或者挫折时，如果领导者露出不安的表情或慌乱的态度，便会影响到全体员工，一旦根基动摇，就会带来崩溃。这种情况下，唯有保持冷静、若无其事的态度，才能使属下的心里平静。所以，哪怕领导者内心很焦急恐慌，也不要表现出来，保持镇定，并把稳定的情绪传递给团队。

李嘉诚经商几十年，大大小小的危机经历了不知道多少次，每一次危机来临时李嘉诚都似乎毫不在意，永远气定神闲。

1997 年亚洲金融危机爆发，和黄受到严重冲击。危机一步步加剧，其地产部门 1998 年的税前盈利比 1997 年减少 23%，这还不包括巨额的特殊拨备；港口业务 1998 年同比下滑 8%，最重要的国际货柜码头葵涌的业务出现收缩；零售、制造和其他服务部门 1998 年的经常性息税前盈利同比减少 37%，其中，零售部门的百佳超市和屈臣氏大药房在内地出现亏损，香港丰泽电子器材连锁店盈利持续疲弱。

面对大范围的金融危机，李嘉诚没有心慌，他迅速做出了决断，首先出售了宝洁和记有限公司的部分权益。随即又出售亚洲卫星通信。这两项资产的出售对和黄平滑业绩起到了重要作用。

中国有句话叫“心有惊雷而面如平湖”，说的正是这“处变不惊”的领导才能。事情越难越复杂，越能检验领导者冷静应对的能力。心理素质过硬的领导者，往往能处变不惊、沉着应对；心理素质不好的人，则可能面容失色、方寸大乱。这是自控力的作用，能够稳定军心，能够让所有人继续前行。

一个领导者情绪的好坏，可以影响到整个团队的气氛。如果他经常由于一些事情控制不了自己的情绪，有可能会影响到公司的整个效率。一个成熟的管理者，应该是一个喜怒哀乐不形于色的人。

这样，在危机降临时，才不会把恐惧、慌乱等负面情绪传递给团队，这样才能稳定军心。

曾国藩告诫手下要“处有事当如无事，处大事当如小事”。现代管理学认为，人的情绪状态对认知和决策有着极大的影响，保持高度的冷静、高度的清醒、高度的理智，能够有效地帮助自己做最好的判断，而不至于激动、恐惧情绪的支配，犯下重大错误。

20 世纪 80 年代，在存储器市场一直独占鳌头的英特尔，被日本的极低价格的存储器挤出了原本属于他们的市场领地。以至于到 1985 年秋，英特尔已连续六季度出现亏损。就在产业界都普遍怀疑英特尔是否能继续生存下去的时候，英特尔老板安德鲁·格鲁夫，与董事长摩尔进行了一次认真严肃的单独会谈。

谈话间两个人非常严肃，格鲁夫问摩尔：“如果我们下了台，你认为新当选的 CEO 会采取什么行动?”摩尔犹豫了一会儿，说：“或许他会放弃生产存储器。”格鲁夫坚决地说：“为什么我们自己不走出这个怪圈呢?”

最终，格鲁夫说服了摩尔，他力排众议，坚决砍掉存储器的生产，而把生产微处理器作为英特尔的新利润增长点。奇迹发生了，到了 1992 年，英特尔在微处理器上的巨大成功使它成为世界上最大的半导体企业。1987 年至 1997 年的 10 年间，英特尔的年投资回报率平均高于 44%。格鲁夫也两度被《商业周刊》评为全球最佳企业领导人。

格鲁夫感慨万千，他认为，在一个企业感到自己即将被激流和旋涡吞没时，往往也是企业可以做新的战略转型的时候。有实力的领导者就是有这样的能力，他们能够在危机之中挽狂澜于既倒、扶大厦于将倾，把处在危机中的众人“拯救”出来，能处变不惊地想出解决问题的办法，能展现出惊人的气魄与胆色，在所有人都失去信心时，领导者能成为主心骨，把众人再次团结起来。

领导者在冷静的头脑下才能做出最好的判断，领导者的稳定情绪才能给团队以稳定作用。做到任何时候都有一个气定神闲的气度，发生任何事都处变不惊，情绪上保持镇定，但是出手速度一定要比任何人都快，所有的计划和情绪都在内心里酝酿，给团队最好的领袖风范。

第10章

身先士卒，振臂一呼应者云集

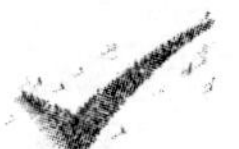

Everybody should be activited in a good team

1. 团队不是管理出来的，而是带领出来的

管理与领导是两个不同的概念。杰克·韦尔奇一直强调，通用公司的管理者要拒绝管理、学会领导，而郭士纳也认为“伟大的机构不是管理出来的，而是领导出来的”。具体来说，领导是个人去影响团队的行为，将其带到既定轨道上来；而管理则是领导不断地强迫团队做出各种符合自己要求的行为。

保罗·赫塞提出：“领导力就是影响力。”这句话完美地解释了领导力的含义，真正的领导能够通过自己的行为来影响团队的方方面面。良好的领导行为可以把领导意图传达给团队，让团队成员了解企业目标，还能朝着正确的方向前进。通常好的领导者是好的管理者，而反之，一个好的管理者不一定能成为好的领导者。

领导者的影响力分为两种：强制性影响力和自然性影响力。强制性影响力来源于领导者的地位权力，下级被动接受其影响，影响力持续的时间是短暂的；自然性影响力来源于领导者的个人条件，下级主动接受其影响，影响力持续的时间是持久的。

美国著名将领巴顿将军曾说过这样一句话：“在战争中有这样一条真理：士兵什么也不是，将领却是一切。”领导者就是团队的榜样，优秀的团队的纪律与战斗力并不是靠规章制度管出来的，而

是靠领袖的个人魅力感染，大家认同这个团队，所以愿意为团队的目标拼尽全力。

美国克莱斯勒汽车公司的前任经理亚科卡，在他着手接受克莱斯勒公司时，面临的是个相当严峻的事实：该公司正处于事业的衰退期，整个管理机构一盘散沙状态，领导层人人自危，员工也过着朝不保夕的日子。

为了重振克莱斯勒公司，亚科卡开始了一系列大刀阔斧的改革。他认为，公司领导层人员的全部职责就是动员员工来振兴公司。因此，在如今公司最困难的日子里，管理者就首先要以身作则，切实担负起振兴公司的任务。对此，亚科卡除了每天加班加点地工作之外，还主动把自己的年薪由100万美元降到1000美元。这100万美元与1000美元的差距，顿时让亚科卡伟大的牺牲精神愈显闪亮。

榜样的力量是无穷的，亚科卡在员工中树立了非凡的影响力，在他的感召下，很多员工都不计报酬，团结一致，自觉为公司勤奋工作。果然，不到一年时间，克莱斯勒公司的经营状况就迅速得到了好转；三年后，公司就再次跻身到北美亿万资产俱乐部当中。亚科卡的身先士卒，不仅为克莱斯勒公司带来了重生，更为自己积累了辉煌的成功履历。

这是一个真正领导者所拥有的气魄与能力，挽狂澜于既倒，扶大厦于将倾，关键时刻能站出来、顶得住。在危急时刻当真正的领导者出现时，所有人都会安心，这种气度与魅力才是真正的领袖。

在很多时候，坏的领导者与好的领导者之间的差距不在于年龄、性别，也不在于能力大小，而在于有没有足够的影响力。出现危机时，领导能够给予成员希望，飞速发展时，领导能够给予成员后盾，这就是领导者的影响力所在。

2. 其正身，不令而行

史瓦兹·柯夫将军说：“下令要部下上战场算不得英雄，身先士卒上战场才是英雄好汉。”领导者的榜样作用具有强大的感染力和影响力，是一种无声的命令、对部下的行动是一种极大的激励。

沃尔玛家族是做超级市场的零售小生意的，服务于身边的最普通的大众人群，但沃尔玛却是最富有的企业。在 2004 年美国《财富》杂志的 500 强排名中，沃尔玛排在了第一名。一次，《财富》杂志的一名记者要采访沃尔顿，对他说：“明天我可以到你的办公室采访吗？”

沃尔顿说：“当然可以。”第二天那位记者就到了他的办公室去。但等了半小时还没有看见沃尔顿出现。记者心中当然有气，不禁想：你以为你是谁，有几个钱就了不起，你看不起我这个小记者，我就凭这支笔和你斗一斗……当秘书经过办公室的时候，仍见这位记者在等，便说：让我找找他。后来秘书说：找到了，他在前面 20 米的零售店门外。

那位记者立即去找沃尔顿，看见他正为顾客将货物装箱，并抬上货车。一个世界上最有钱的人，居然做这种工作，那位记者对沃尔顿说：“你不是答应在办公室等我吗？”

沃尔顿答道：“当然，我是在等你来啊。”

记者问："那你为什么在这里？"

沃尔顿答道："我的办公室就在街上，这是客人最需要我的地方，难道是在空调房里吗？"

领导者本身的行为是整个企业的风向标，领导者要带动每个人共同负责，首先自己要积极参与到公司的日常业务中去，身体力行，让员工经常能看见领导者的身影。这样，才能给员工做出表率，使得上下一心，团结向上。

根据现代管理学研究表明，对于一个团队而言，不管领导者是否明确以榜样为领导，榜样示范作用却会实实在在地发生。团队的领导者对下属的影响绝非简单的工作内容，甚至在思维模式、行为习惯、表达方式、体态特征等等，下属多少都会受到上司的影响，即便是负面的影响。无论何时，领导者的"以身作则"都决定了团队整体的执行力和协作能力。

在企业中，如果领导者能够率先示范，能以身作则地努力工作，那么这种热情和精神就会影响其下属，让大家都形成一种积极向上的态度，形成热情的工作氛围。可以说，领导者的榜样作用具有强大的感染力和影响力，是一种无声的命令、最好的示范，对部下的行动是一种极大的激励。

日本企业家土光敏夫认为，老板以身作则的管理制度不仅能为企业带来巨大的经济效益，而且还是企业培养敬业精神的最佳途径。在土光敏夫接管日本东芝电器公司前，东芝已不再享有电器业摇篮的美称，生产每况愈下。土光敏夫上任后，每天巡视工厂，访遍了东芝设在日本的工厂和企业，与员工一起吃饭、闲话家常。清晨，他总比别人早到半个小时，站在厂门口，向工人问好，率先示范。

员工受此气氛的感染，增加了相互间的沟通，士气大振。不久，东芝的生产恢复正常，并有很大发展。

土光敏夫有一句名言：“上级全力以赴地工作就是对下级的教育。职工三倍努力，领导就要十倍努力。”日本东芝电器公司能跻身于世界著名企业的行列，这与土光敏夫以身作则、身先士卒的管理制度是分不开的。

美国大器晚成的女企业家玛丽·凯认为，领导的速度就是众人的速度，称职的管理者应以身作则。她表示所有美容顾问都必须对自己的生产线了如指掌，玛丽·凯非常注重企业组织中经理的榜样作用，因为她非常清楚经理作为一个部门的负责人，其行为受到整个工作部门员工的关注。她说：“人们往往模仿经理的工作习惯和修养，而不管其工作习惯和修养是好还是坏。假如一个经理常常迟到，吃完午饭后迟迟不回办公室，打起私人电话来没完没了，不时因喝咖啡而中断工作，一天到晚眼睛直盯着墙上的挂钟，那么，他的部下大概也会如法炮制。”

只有领导者身先士卒，做出榜样，才能有强大的号召力，才有资格说教别人，让别人信服，这样才能带领着团队齐心协力，向共同的目标前进。

3. 将帅无能，累死三军

俗话说得好：“火车跑得快，全靠车头带。”世界首富比尔·盖茨拥有令人艳羡的财富，众所周知他有极高的商业才能，才建立起微软帝国来，但是很少有人知道比尔·盖茨经是世界上顶尖的程序员，曾有人提到过比尔·盖茨审了一个500页的代码，只用了一个晚上，还挑出了里面的几个bug。当时盖茨针对代码提出的问题很让那位员工汗颜。

除了比尔·盖茨以外，李彦宏曾经是现代搜索引擎发展的奠基人之一，马化腾曾是深圳计算机天才……还有无数的商界领袖在其创立公司之前就已经超出常人了。

这也就是说，创办一家公司、组建一个团队的人必须要有远超常人的能力和素质才行。要想真正成为一名出类拔萃的领导者，必须在工作、生活各个方面具备过硬的素质。从某种意义上说，领导者必须成为所有员工的理想楷模。

奇虎360以安全、免费的杀毒起家，周鸿祎带着这款软件席卷全国，国内几乎每一台电脑上都有这款软件，奇虎的市值在2013年终于突破百亿，一度被誉为是第四巨头。可在这全面开花的背后，是一场场的恶斗，360几乎与业内每个竞争对手都撕咬在了一起。尤其是在10月份之后，360遭遇了堪比“六大门派进攻光明顶”般的围剿。临近年底，一边勉力调整一边苦苦支撑的周鸿祎终于倦了。

面对“全世界与自己为敌”的状况，周鸿祎决定暂时与外界隔绝，闭关修炼以规划360的未来。2014年，闭关回来的周鸿祎似乎变得安分多了，他提出360要“重启”。舆论当时略感意外，甚至还有人抛出“老周是不是真的老了”的论调。可“红衣教主”出关后依然充满着活力，他将360的整体战略圈定在安全领域，试图以此来实现自己登顶互联网之峰的野心。除此之外，他本人出版的《我的互联网方法论》一书也是火遍大江南北。

作为一个团队的领袖要何以服人？有一句俗话说：“兵熊熊一个，将熊熊一窝。”很多企业的领导者都对下属的要求很高，要求下属的各项能力都要过硬，却偏偏忽略了自己的能力问题，在这种情况下很难服人。同时也会导致整个团队的停滞不前，因为领袖就是团队的“车头”，这个“车头”没有高视野，也没有足够的动力去带动团队，那是没有办法前进的。

在领导者的自我提升中，诚实的自我评价是第一步，并且是最难的一步。真正能带领团队的领导者能够及时地发现自己身上存在的不足，并且去积极学习，去提升自己的能力。

携程网创始人梁建章自幼被称为神童，其 13 岁时用电脑编程写诗，并获得第一届全国计算机竞赛金奖。梁建章后来由复旦赴美国读书，20 岁便获得佐治亚理工大学计算机系硕士学位，之后在美国硅谷从事技术工作多年，曾任美国 Oracle 公司中国咨询总监，是信息技术行业的高级管理人才。1999 年回国，与 3 位商业伙伴创建了“携程旅行网”，在 2000 年至 2006 年期间任 CEO，并从 2003 年起兼任董事会主席。公司在他的领导下采用了一系列高效和创新性的管理方法，在 4 年内迅速成为中国最成功的网络公司之一，并于 2003 年在纳斯达克成功上市。

而在 2006 年，梁建章离开携程，去美国斯坦福大学攻读经济学，最终获得硕士学位。2012 年梁建章重回携程，立刻就对携程网进行了大刀阔斧的改革。梁建章将携程改为矩阵式管理模式，把业务划分为几大块，给予充分授权，相当于把一家大公司拆成了几家小公司，就更加灵活多变，梁建章表示：“他们就像一个小公司，独立拥有技术、行政等职能单位，很多事情自己就能拍板。自己就会回去想，怎么占领新增市场。”

领袖的能力决定了团队的高度，换句话说领袖的能力就是团队的高度上限，其实领袖就像“木桶理论”中的短板，他的长度决定了这个木桶能够装多少水。如今这个时代变化非常快，作为团队的领袖自然要把握住时代的脉搏，对新出的消息了如指掌，当你自己真正成长起来了，团队也会跟着水涨船高。

4. 解决员工的后顾之忧，与员工同甘共苦

困难时，领导者更要站出来，与员工同甘共苦，而不是躲在背后，让员工解决问题。这是一种解决员工后顾之忧的方法，当危机来临，领导者不出面，员工也难以拼尽全力。因为他们不知道自己拼命的意义在哪，万一最后失败了，连找个负责人都找不到，哪个普通员工愿意承担团队的失败。

1930 年 7 月，日本政府采取了紧缩政策。财经界一天比一天萎缩，不景气的征兆更加明显。报纸每天都报道各工厂缩小或关闭的消息，员工减薪及解雇，社会开始动荡不安。

松下电器销售额剧减，生产量也随之降到了原来的一半，更不幸的是松下幸之助又生病住院了。松下幸之助的助理表示要想突破这种困境，需要裁减一半的员工。松下幸之助想来想去觉得不能这样做，他向员工们表示：“生产额立刻减半，但员工一个也不许解雇。工厂工作时间减为半天，但员工的薪金全额给付，不减薪。不过，员工们得全力销售库存。用这个方法，先渡过难关，静候时局

转变。任何员工都必须照旧雇用，不得解雇一个。”

这一番话让所有的员工都有了信心，也同时对松下幸之助充满了感恩，在当时全日本的公司都在大规模裁员的情况下，只有松下电器没有裁员。最终松下电器在众员工的集体努力下走出了困境。领导者与员工同甘共苦，就是代表领导者与员工站在一起的态度，这就是解决了员工们的后顾之忧。即使是亏损企业，如果领导能与员工同甘共苦，也会激起员工的热情。

一个老板，几个员工，再加一间小屋，几个人同心协力，白手起家，终于独占鳌头，成就自己的事业大厦，这样的例子在商业史上数不胜数，许多企业巨头由此而来。他们的成功靠的是老板与员工同甘共苦、患难与共。上下的心往一块想，劲往一处使，还有什么困难克服不了。

很多创业阶段的领导者都会选择跟员工站在一起，中午一起吃盒饭，一起加班，赚到钱优先发给员工……这样的举动在消除员工的后顾之忧，有了领导者的鼎力支持，员工自然能够激起无限热情，把工作做好。

一个公司或部门的发展壮大都要依靠老板和员工共同努力，同舟共济。而患难与共之中形成的上下关系才是最牢固的关系。身为老板，一定要做到与员工同甘共苦，要不忘危，才能真正激发员工的干劲，使事业蒸蒸日上。

在汇源的创业之路上，遇到了许多的挫折，但每一次朱新礼都坚持了下来。一次，到了汇源发工资的日子，老朱把自己锁在办公室，愁眉紧锁，烟不离手。此时他的现金流极其紧张，快弹尽粮绝了。工资没有，但还得吃饭，朱新礼花钱买面蒸馒头，再去菜地挖菜让食堂炒，大家围在一起吃得津津有味，心里却是热泪奔涌。这种同甘共苦精神感染了所有汇源的员工，所有人相互支撑着，最终汇源成了著名品牌。

韩国大宇集团总裁金宇中，半夜零点睡觉，次日凌晨5点起床，每天工作十几个小时，坚持了二十多年。他经常对下属说的话是："为了明天的繁荣，我们必须牺牲今天的享乐！"金宇中的行动感动了整个大宇集团，每位下属都会自觉地为集体利益努力工作。

古人说："人不率则不从，身不先则不信。"如果企业领导者能够吃苦在前，不用发号施令，员工下属自动就会奋勇跟上。懂得与员工同甘共苦，并肩作战，能够极大地培养团队凝聚力，对于工作的展开是非常有益处的。

5. 责人之前勿忘先责己

正人先正己，好的纪律不是管出来的，而是通过领导者的榜样作用达到的。规章制度的严格执行，要靠领导者的带头表率，如果领导者对规章制度熟视无睹，犯了错依然我行我素，员工犯错却要严厉惩罚，势必会让员工心里不满，乃至心生抱怨，对规章制度也就不会尊重了。

日本三洋公司总经理井植薰曾经说："不能制造优秀的自己，怎么谈得上制造优秀的人才。优秀的领导人才能制造出优秀的人，再有优秀的人去制造优秀的商品、更优秀的自己和更优秀的他人，就是三洋的特色。"

井植薰把这一理念带入了三洋公司里，他于1969年担任三洋董事长、总经理后，他从来不为自已格外制定什么标准，要求别人做到的，他自己首先做到。公司的规矩制度，也是极力遵守，从不纵容自己越轨。

当时三洋公司推出“力戒去向不明”政策，井植薰就带头遵守。规定要求所有人员外出，必须让公司知道。井植薰每次外出，必定让公司的其中一个人知道他的去处，即使是私事也不例外。这样，这项制度就在当时的三洋公司推行开来，全体员工没有任何怨言。

井植薰曾经在一次会议中这样说道：“领导者如果以为公司的规则，只是为普通员工制定的话，那就大错特错了。它应该是公司全部的人都必须遵守的规矩，包括部门经理、公司总裁、董事长等等高层领导人。如果因为自己是高层领导，下面的事有人代替去做，就以为迟到几十分钟无关紧要，那是绝对行不通的。大家都听过‘上行下效’吧？前面有榜样，后面就有跟随者。这种模仿，长久如此便会造成公司上下的懒散作风，这足以让一个前景大好的公司面临失败的深渊。”

没错，榜样的力量是无穷的，真正有魅力的领导者不会用死板的规定去约束下属，而是用自身的行动去影响下属，用以身作则的方式来做表率。某些领导者宽以待己、严以待人，为下属制定严苛的制度，而自己却我行我素，自以为作为领导者应当享有特权。殊不知这种特权做法极大地伤害了下属的感情，很容易引起众怒。

“禁胜于身则令行于民”这句话就是我们常说的“只要以身作则，就能令行禁止”。或许在不经意间触犯了规定时，有一些领导就“拿架子”，认为自己可以免于受罚。并不是说领导者不接受惩罚下属们就会有激烈的反应，而是说，一个真正有魅力、成熟的领导者恰恰会选择主动接受惩罚，来提升自己的影响力，赢得众人的尊重。

唐太宗李世民说：“若安天下，必须先正其身。”无论是历史上的伟大人物还是现实中的商界领袖，这些具有伟大人格感召力、取得令人瞩目的成功人士无不都是严于律己的。曹操大战袁术后率军回来，当要经过一片麦地时，曹操传令，凡践踏青苗者杀。没想到自己的坐骑受到惊吓，踩坏了一片庄稼，怎么办？曹操把执行官找来，说我违犯了军令，罪当该斩，于是举剑欲自刎。属下忙劝住，再三恳求。曹操说那我就割下一络头发，以发代首，以示服法罢。这事儿可能有作秀的成分，但即使如此，谁还敢再违抗命令。

员工会模仿领导者的行为，责人容易责己难，这才显示出难能可贵，这才让员工们尊敬，下属们会愿意跟随严于律己的领导者，享受上下平等的对待。

6. 不要当救火队员，让员工自己解决难题

当员工在执行任务的过程中，会遇到各种各样问题，他们的第一反应便是找领导，而领导觉得帮员工解决问题是正常的，最后，负担总是最终落在领导的背上。如果事事遇到困难都要领导者来解决，那还要员工干吗，员工永远都不会进步，反而会对领导者越来越依赖。

从另一方面来看，大部分领导者对自己的能力有自信，却对员工没自信，觉得部门没有自己，就没办法把工作做好。但是当你越管越多时，你就发现问题也越来越多，每天累得要死却还麻烦不断。员工们也每天都是听话做事，根本不用去多思考一点关于工作的事。

救火型领导未必是好领导，真正的领导者首先是要能驾驭全局，并能建立防止总是要急于救火的机制。如果建立了机制还是出问题，如果是执行者能力的问题那要换人，如果是机制的问题要健全机制。如果总是到处救火，还何谈企业高效发展?

别忘了，最高效的救火手段就是保障无火发生，领导的职责就是防患于未然，事先做好预防工作，争取做到不着火。

国内领导行为学权威专家刘炳成认为，当员工问你该怎么办时，你应该先反问："能不能把这个问题详细描述一遍，现在什么样的状况?"这样问，是希望让员工明确这个问题与公司的目标是什么关系。然后再循序渐进，询问员工有没有尝试解决的办法，这样的沟通可以增强员工思考问题的能力。

德国德固赛化学公司的董事长费西特说："如果员工能够为自己做决定，我不会帮他们做决定。"他表示如果有员工跑来问题"这样做可不可以"，他就会告诉员工："如果你们认为这样做是对的就去做，否则问都不要问。"

日本未来工业株式会社创办人山田昭男认为，放手让员工去做，他们自然会觉得责任重大，而认真思考每个工作环节。在这个管理原则下，他甚至连公司盖新的办公室时，都完全不干涉员工的决定，想要盖大楼还是厂房，都以大家觉得工作方便为主。

山田昭男认为"最有效率的方法，做事的人最知道"。不需事事等待主管裁示或开会决议，老板愿意给员工犯错的空间，员工就会主动挑战问题，找出最快完成工作的方法。

1981 年，杰克·韦尔奇出任通用电气公司总裁。当时，美国管理界普遍存在着这样一种共识：领导者的工作是监督下属认真工作，或者到处举办公司会议，在低层和高层管理者之间建立信息通道，以确认公司的各个部门和环节运行正常。

杰克·韦尔奇对这种观念深恶痛绝，上任伊始，他就大举驳斥这种传统认识。他认为，采取这种方式的领导者都是些官僚主义者，思想陈旧、传统，过多的管理会促成懈怠、拖拉的官僚习气，会把一家朝气蓬勃的公司弄得死气沉沉。

通用电气公司是一家多元化公司，拥有众多的事业部，员工成千上万，如何有效地管理这些员工，最大限度地提高他们的生产率，是杰克·韦尔奇一直苦苦思索的问题。经过实践，他总结出“管理越少，公司情况越好”这样一个结论，并坚持用这种思想来管理通用公司。通用电气持续增长的业绩证明，他的这个结论是正确的、伟大的。

身为企业领导者，出现问题及时处理是必需的，但若真的充当救火队长，不仅是工作能力上有问题，管理能力更值得怀疑，同时也是团队中缺乏信任，上级未能充分授权，下级又不能独当一面造成的。一个部门的管理者，要做到忙而不乱，直到忙而不忙。一是给团队一个共同的目标，任务分工明确且一定要求相互配合，有分工而不分家。二是管理者要懂部门完成一项工作任务的基本方式方法，同时尊重专业的部下，提供有效指导而不是随意指挥。三是充分信任部下，工作前下达任务，过程做好跟踪服务，鼓励大家独立而又协作完成。四是若出现了部下确实解决不了的问题，要及时出面协调帮助，但成绩应归于部下，以激发大家下一项任务的完成。

古语道：“授人以鱼，不如授人以渔。”优秀的领导者都是“授人以渔”的高手，他们不能把下属当作提线木偶一样做任何事都要指挥，而是去引领、启发，让下属自己去发挥自己的聪明才智，只有这样才能不断地磨炼下属，也只有这样才能让下属得到成长空间，对领导者忠心耿耿。事必躬亲是对下属积极性的扼杀，长此以往，员工容易形成惰性，责任心大大降低。

7. 必须有人牺牲或奉献时走在前面

冯仑曾经说过这样一句话：“解决危机的唯一秘密就是牺牲，每次危机都有利益权衡，不敢牺牲就没有胜利，中年男人要保持这种牺牲精神。”冯仑说的是领导者精神，在团队遇到困难之时，领导者要发挥领袖的作用，走在团队的前面，为团队抗下重压，才能获得团队的尊重。

美国克莱斯勒汽车公司的前任经理亚科卡，在他接手克莱斯勒公司时，面临的是个相当严峻的事实：该公司正处于事业的衰退期，整个管理机构一盘散沙状态，领导层人人自危，员工也过着朝不保夕的日子。

为了重振克莱斯勒公司，亚科卡开始了一系列大刀阔斧的改革。他认为，公司领导层人员的全部职责就是动员员工来振兴公司。因此，在如今公司最困难的日子里，管理者就首先要以身作则，切实担负起振兴公司的任务。

融创中国董事长孙宏斌先生，有一次和一位重量级投行大佬吃饭时，大佬问他："带队伍最重要的是什么？"孙宏斌说："除了书上说的那些素质，还有两点更重要：一是碰到难事你一定要往一线冲，光躲在幕后指挥肯定不行，你要让所有人知道碰到任何难事你都不会躲；二是要把成绩都归功于下属，把所有错误的责任都承担起来。不这样做，凭什么你是领导？"

在关键时刻能站出来，能让团队产生信心，是优秀领导者的品质，他们不会躲在团队背后，而是主动出击面对困难，或亲自解决问题，或鼓舞团队士气，充分发挥团队主心骨的作用。

2001 年，担任纽约市市长的鲁道夫·朱利安尼被诊断为癌症，正疲于对抗病魔之际，恐怖分子劫持飞机撞毁了纽约世贸大厦，制造了震惊世界的"9·11"！

鲁道夫·朱利安尼没有退缩，他出现在公众的视野中，为纽约人民发表了振奋人心的演讲："请记住，恐怖分子与其国家的人民是两回事，纽约市本身聚集了来自全世界各个民族的大众，请大家和平相处，共渡难关。"紧接着他又采取了一系列措施，维护遭受袭击后的纽约的安稳，这一系列成熟有力的举措，为他赢得了美国英雄的称赞。

后来，鲁道夫·朱利安尼在书中写道："所谓的领导，就是在享受特权的同时，要承担起更大的责任，在风险或危机来临时，有勇气站出来，单独扛起压力。在恐怖袭击发生的危急时刻，我敏感地意识到：'我必须露面，我是纽约市市长，我应对危机的方法就是亲临现场并掌控局面。如果我没在电视上出现，对安抚这个城市的居民将会非常不利。’”

这是一个真正领导者所拥有的气魄与能力，在关键时刻能站出来、顶得住。危急时刻当真正的领导者出现时，所有人都会安心，这种气度与魅力才是真正的领袖。

正如稻盛和夫所说：“领导人发挥出献身的工作精神，勇于‘自我牺牲’，那么不管处于何种严峻的环境之下，整个团队都能团结一致，朝着目标大步迈进。”一个好的领导不会让自己的下属吃亏，而是会第一个冲锋陷阵，体现自己的非凡气度，激发团队的勇气与团结。真正的领袖越是在需要牺牲或奉献的时候越能担当，有多大能力，就坐多高位置；同时有多少困难，也要身先士卒、抢着承担，如此，才能配得起头上的“领导者”称号。

8. 要把庸兵变干将，自己先要做干将

有句话叫：“想有位先有为。”一个领导者想要服众，仅仅靠人格魅力和各种方法还不够，最重要的就是要靠领导者的能力。领导者的能力不足带来的负面影响就是，员工们不会信服领导者的命令，由于领导者的能力不够，就很难对人才们发号施令，更难对工作计划做有远见的规划。

所以还有句话叫：“要把庸兵变干将，自己先要做干将。”领导者如果想团队信服自己，团队能力不断提高，那么还要首先提升自己的能力，从最简单的工作做起，拿出真正的实力让员工们看见，赢得信任。

当年柳传志为联想寻找接班人，选择了杨元庆。大部分人一片哗然，觉得杨元庆不是国际名校毕业的，又很年轻，怎么能胜任联想掌门人职务。而回顾杨元庆的工作经历，不难发现，他是通过自己的成绩得到柳传志认可的，他又用出色的成绩在后来的工作中赢得联想的信任。

杨元庆在联想集团从最苦最累的柜台销售员做起。在常人看来，作为一名计算机专业的研究生，做这样的一份工作简直是埋没人才。然而，在这个普通平凡的岗位上，他任劳任怨地做好每天的销售工作。在两年的时间里，他把柜台销售这份工作做得风生水起，屡屡创造好成绩，结果被提升为联想集团 CAD 部门的总经理。自其上任后，该部门的经营额每年均以超过 100% 的速度增长。

1993 年，杨元庆被委以重任，担任联想集团公司总经理。当时，国内计算机市场陷入危机，产品销售迅速下滑，联想的既定目标跟着大打折扣。但在他的带领下，联想的销量一举跻身于中国市场前三甲之列。1997 年，联想产品销量国内第一，并代表中国品牌首次进入亚太六强。1998 年，联想成功地晋升为亚太地区第五名。在创造诸多成绩之后，2000 年杨元庆被提升为联想集团公司总裁。

从最初的柜台销售员到 CAD 部门总经理，再到联想集团总经理，最后成为联想集团总裁，杨元庆的每一步提升都在于他有所作为、有所突破。不断取得卓有成效的业绩是他被不断提升的原因。在面对困境时，所有人的目光都会看向领导者，他们需要领导者带领着前进，而领导者若是对工作一无所知，又如何带领团队。

1991 年，当雷军从武汉大学计算机系毕业的时候，他在软件圈内已经是一个名声不小的程序员了。在大学时代编撰的《深入 DOS 编程》和《深入 Windows 编程》颇受一些程序员的推崇，也成就了雷军的名声。在同时代的“程序员”中，雷军是国内排行前几位的。雷军大三时，电脑病毒刚刚在国内流行，雷军就跟人合伙开发出了商业杀毒软件，销售了一年之后，每人赚了几百元。在计算机系辅导员刘绍钢老师的推荐下，这套软件获得了湖北省大学生科技成果一等奖。

雷军没能力就不可能得到求伯君赏识，求伯君更不可能对他亲自招聘加入金山，更不可能在 25 岁担任北京金山软件公司总经理。那时的互联网创业企业家大都是技术型人才，丁磊在电信局做过工程师，张朝阳更是毕业于清华大学物理系、麻省理工学院博士……作为一个领导者，不仅要从全局布局，要制定规章制度，要对员工合格管理，更要在擅长的领域里服众。

强势的领导者会有一种“你们干不了的，让我来”的魄力，团队做不成的，领导者会亲自出面解决。领导者要能为团队解决真正的难题，或者能够带领团队解决问题，几乎所有领导者都在创业初期展现了其在技能方面超越众人的才能，他们会用自己的高超才能来应对创业初期各种意想不到的难题。

领导者吸引人才不光要靠高薪，也要靠领导者个人的能力，因为领导者对于一项技术的是否懂行决定了其是否能尊重该行业的人才，一个对技术一窍不通的领导者是很难有权威地发号施令。马云是个例外，他不懂互联网技术，但是他最大限度地尊重互联网人才，他也从来不在技术层面对下属指手画脚，他从来都是让下属去做，然后他来检验。

要把庸兵变干将，领导者先要做干将，有干将实力的领导者可以服众，可以在关键时刻团结员工攻克难关，这样的团队才能“战无不胜”，在领导者的带领下不断创下佳绩。

9. 你总是有主见，员工就会服你

一个真正的领导者都有力排众议的勇气，他们有自己清晰的主见，在危急时刻为团队指出一条明路。

乌克兰政坛上，前任总理、素以冷艳决断著称的季莫申科非常瞩目。季莫申科态度强硬，言辞激烈，一副铮铮铁娘子的作风。由于在乌克兰的“橙色革命”中表现突出，她被媒体称作“橙色公主”。

俄罗斯非常想恢复当初大国的地位和光荣，总统普京也提出相应的构想，但乌克兰反对俄罗斯主义和泛俄罗斯联盟，季莫申科就是其中的代表。作为反对党领袖，每次在国会有争论的时候，她还是力排众议，非常鲜明地提出乌克兰的概念，坚守自己的立场，季莫申科的名言是：“俄罗斯是俄罗斯，乌克兰是乌克兰。”

季莫申科非常有主见，不管在不在总理的职位上，仍然坚持自己的一贯主张，被西方媒体认为是体现了领袖性格中的具有胆识主见的一面。

很多情况下的决策失误就在于领导的盲目从众、随大流的心理。现实中往往有这种现象，以多数人是否赞同作为衡量决策方案优劣的标准，有自己独立思考，听多数人的意见和方案，很少提反对意见。这样的领导者从表面看似乎很民主，其实这是他们无主见、不敢承担责任的表现。

在很多时候，人们需要一个能指出道路的人，在这种时刻领导者就不能退缩，做决策不能模棱两可，一旦认定了心中的主见，就不能因为别人的反对而放弃，这就是领导力重要的体现。

有的领导者怕负责任，怕担风险，认为跟着多数人走，要错则多数人错。这种不负责任的想法导致了领导者做事、做决策没有自己的见解，根本体现不出来领袖应有的本质。正确的事不敢独立思考，从而严重影响了领导者创新意识的树立。要想解决上述问题，就必须培养领导者的主见性。

所谓主见，是建立在丰富的知识、社会经验与经济实力的基础上的，同时还有具备超强的思考能力与决断气魄。有主见是一种透视利益、驾驭矛盾的能力体现，也是懂得集思广益、广纳善于的智慧，更需要力排众议的勇气，在大部分普通人都不看好的情况下仍然不退缩。

所谓“虽千万人吾往矣”，力排众议的气魄是需要极大勇气的。1995 年马云从美国回来，召集了自己的学生、亲戚、朋友一共 24 人，马云说自己要做互联网，让大家给点意见。有 23 个人表示反对，还疑问着“互联网到底是什么东西”，只有一个人说道：“你要是想做就试试吧，不行再回来。”在 23 人反对的情况下，马云力排众议、砸锅卖铁办起了网站，此后才开启了阿里巴巴的时代。

有主见作为领袖特质是非常重要的一环，举棋不定、人云亦云的领导者总是魅力尽散，得不到人们的信任。优秀的领导者善于调查了解，排除各种干扰，相信自己，权衡利弊，做出正确决策，即使暂时看不到效果，一旦决定，就要马上推行，不要犹豫，不怕条件不成熟，不怕别人说风凉话，不半途而废，用这样的勇气去做出一个又一个及时而重要的决定。

主见是领导者的支柱，没有主见的领导者，仿佛墙头芦苇，风吹两边倒，随波逐流，极易迷失方向。而有主见的领导者，恰似山中松柏，咬定青山不放松，任你东西南北风，我自岿然不动。这样的魅力才能够领导众人，才能够坐稳领袖的位置。

第 11 章

目标必达，攻坚克难引爆团队潜能量

Everybody should be activited in a good team

1. 最好的激励是帮助员工实现他们的梦想

优秀的领导者会激励员工们的梦想，让员工觉得自己并非为钱而打工，而是为了自己和大家共同的梦想在努力奋斗。

已故苹果公司创始人乔布斯就是一个“兜售”梦想的高手，乔布斯曾对他的员工说：“我们工作并不是为了使苹果电脑的业务蒸蒸日上，而是想要创造出一家最棒的电脑公司。”这只是其中一小部分，乔布斯在接受采访、内部演讲、产品发布会上说过很多关于梦想的话，每个苹果员工听了都倍觉自豪。

乔布斯说：“创新与你在研发中投入了多少钱并没有关系，当苹果推出 Mac 时，IBM 在研发上的投入是我们的 100 倍。所以这不关钱的事，重要的是你身边是什么样的人，你有什么样的领导和你有多少真本事。”

乔布斯还对员工们这样激励道：“让我们一起为这个社会留下点印记，我们让它变得非常重要，它肯定就会留下印记。”“我们不甘心做一家无趣的公司，我们的做法就是把精兵强将组成一个个小规模的团队，让他们去自由编织梦想，我们是一群艺术家，而不是简单的工程师。”

此外，乔布斯还不忘了夸赞自己的员工：“Mac 之所以伟大，其中一个原因是创造它的是一群音乐家、诗人、艺术家、动物学家和历史学家，而他们恰恰还是世界上最好的计算机科学家。”

德国著名社会学家马克思·韦伯曾经阐述过“魅力型领导”，他表示那些致力于构建共同远景、发现或创造机会，并努力增强下属进行自我管理愿望的领导才会把员工的热情激发出来。企业的领导者要有一个超越现状的梦想目标，同时还要有阐述这种远景的能力，要学会用简单易懂的话语跟下属阐述明了，在这一过程中要紧扣下属的需要，这样才能进行有效的激励。

当年，杨元庆在接手联想的时候面对充满期待的联想员工，他说：“我们以 2001 年联想实现 260 亿元的营业额为基点，2003 年，我们的营业额将做到 600 亿元。在未来的 10 年内，联想要成为全球领先的高科技公司，进入世界 500 强……” 同为世界 500 强的华为也有类似的理想描述，在华为创业的初期，任正非对同事们说：“我们所从事的这个行业，发展的前景是不可限量的，你们将来买房子一定要买阳台大一点的，这样钱发霉了的时候，你们就可以拿出来晒一晒。”

激励员工的理想，能激发出员工们内心对于工作的热情，当他们主动为自己圆梦时，就摆脱了打工者的心态。所以领导者应当是善于造梦的人，这个梦想可以是员工自己的个人追求，如个人的成就、丰厚的薪水，也可以建立一个整个公司的远大梦想，就看领导者能不能把这个梦想灌输下去，让所有员工都认同。

拿破仑曾经说过：“给我足够的勋章，我能够征服全世界。”而“勋章”便是企业给员工们传达的美好梦想。许多小企业都埋头发展业务，从未静下心来想一想自己的使命是什么？公司的远景目标是什么？甚至有一些管理者认为走一步算一步，殊不知，没有一个宏伟而可行的战略目标，公司员工又怎能齐心协力地朝着这个远景目标奋斗，又哪里会有万众一心的团结？又哪里会有奋发拼搏的热情？

一个谋求长远发展的企业梦想会使员工产生认同感，领导者应学会将梦想与员工的个人奋斗目标有机结合，给员工发展的空间和展示个人才华的舞台，这样就能够增强企业的凝聚力和创造热情，为员工编织一个美丽的梦，并由众人共同完成这个梦。

2. 制定“跳一跳够得着”的目标

对于领导者来说，用目标进行管理是极有成效的。真正的领导者知道目标的重要性，做每一件事，都会先制定目标，不然你就是领导力再强，工作也不会有成效。李开复先生曾经提出，管理者的领导力来源于九大因素，其中首要的就是要明确的愿景，制定工作目标。

马云曾经说过：“不要让你的同事为你干活，而让我们的同事为我们的目标干活，共同努力，团结在一个共同的目标下面，要比团结在你一个企业家底下容易得多。所以首先要说服大家认同共同的理想，而不是让大家来为你干活。”在魅力领袖领导的团队中，员工干活的动力来自于目标的吸引力。

马云也是这样做的。虽然他本人具有非凡的个人魅力，但他更加重视目标的作用。从阿里巴巴创业之初，马云就定下了做中国最大的电子商务公司的目标，碰到千难万险也从不放弃。阿里巴巴能有今天的成就，可以说跟当初的目标是密不可分的。

一个企业需要目标，一个项目同样需要目标。事实上，项目比企业更加具有目标性，一个项目组也正是因为要完成某一目标而成立的，在招标文件或者合同中往往也会明确写着这些目标。项目经理要做的，就是认真评估这些目标，根据实际情况进行必要的调整和细化，让目标代替项目经理，成为将员工吸引在一起的磁铁，将项目组紧紧团结在一起。

管理学中对团队的一般定义是："团队是由员工和管理层组成的一个共同体，它合理利用每一个成员的知识和技能协同工作，解决问题，达到共同的目标。团队的构成要素总结为5P，分别为目标、人、定位、权限、计划。"由此可见，要成为一个团队，首先是要有一个共同的目标，否则就不能算做团队，顶多只能叫做"一群人"。

美国行为学家吉格勒认为："设定一个高目标就等于达到了目标的一部分。"领导者确立的目标不能太高，也不能太低。当员工经过极大的努力依然不能完成目标，那么将会感到失望灰心，甚至会厌恶工作。在目标激励模式中，不是目标越高远越好，同时目标也不应当过低。所以在管理学上有制定"跳一跳够得着"目标的说法，目标设定应当既远又近、既大又小。

制定目标五大标准：明确、可达到、有价值、可测定、有时间规划。目标一定要明确而清晰，要有可衡量的标准，不使用模糊的标准，帮助消除争议。员工有一个清晰而准确的目标，能够直截了当地向着目标前进，提高工作效率。

著名企管专家胡一夫表示，中国人向来是不缺目标的，诸如制订超英赶美、进军全球500强之类的目标中国人向来不怵。但中国企业的目标管理却做得并不好，归结到两点，一个是目标定完了就完了，既没有把目标变成相应的计划，也不能及时有效地追踪目标实现的过程。另一个更普遍的问题是，目标可能只是一个口号式的目标。据胡一夫的实践经验与调查结果，员工所做的工作有30%是与目标无关的，另有40%是源于目标不统一。

制定一个合适的项目目标并不是一件轻松、愉快的事情，需要经过多方的沟通、博弈，并获得相关方的认可。领导者要做到有理有据、不卑不亢，力争发挥其主导作用，而不能一味做老好人，委曲求全，否则可能会让整个团队受到伤害。目标必须要有一定弹性，要能随着时间变化而变化，可能在变化中实现目标就变得很困难，这个时候就需要修改目标，使其保持合理性，弥补目标的不足，这有利于发挥人的主观能动性。

让下属参与目标设计效果会好很多。这一过程是双方共同摸索的过程，领导者拿不准员工的真实实力到底在哪，盲目制定就可能导致目标太难或者太简单。管理者的一个根本任务就是为下属定目标。定下目标，定下由谁负责，定下完成任务的最后期限，再给出相应的报酬和激励，管理上80%的事情就做到了。

管理专家彼得·德鲁克1954年在其名著《管理实践》中最先提出的，其后他又提出目标管理和自我控制的主张。德鲁克认为，并不是有了工作才有目标，而是相反，有了目标才能确定每个人的工作。所以企业的使命和任务，必须转化为目标，而这个目标必须要有科学的技巧，能激起员工的热情，又不使员工热情锐减。

3. 让下属把借口吞回去，办法想出来

工作中出现问题，最让领导者头疼的就是员工找借口。大部分员工习惯于找借口，如上班迟到是因为堵车，工作没完成是因为团

队里其他人没配合好，此类借口看上去似乎无伤大雅，领导者一般都会放过。但是如果想让你的团队效率更进一步的话，就要建立一个不找借口的氛围，不给下属寻找借口的机会。迟到就按迟到惩罚，不管是否堵车，没完成任务也要惩罚，不管什么原因造成的。

这样一来，下属就不会再为自己开脱，他们会认为公司不近人情，却会在行动中更加努力。这样的目的并非是想惩罚员工，而是想让员工养成一个不找借口的习惯。马云曾经有一个经典的发问："公司请你来干吗?"马云直言道："请你来是解决问题而不是制造问题，如果你不能发现问题或解决不了问题，你本人就是一个问题。"马云还说："让解决问题的人高升，让制造问题的人让位，让抱怨问题的人下课。"马云从来不问一个人为什么失败、为什么把事情办砸，他会给对方一次机会，不问你失败的借口，只看你做成与否。

美国西点军校在世界上闻名，这里有一个广为流传的传统，当学员遇到军官问话时，只能有四种回答："报告长官，是""报告长官，不是""报告长官，不知道""报告长官，没有任何借口"。除此以外，不能多说一个字。这就是西点军校的传统：不能找借口。只要学员没完成任务，西点军校不允许学员讲任何借口，直接去受罚。

著名的巴顿将军也是西点军校毕业的，他在回忆录里讲述自己如果想提拔人的时候，就把候选人们叫在一起，交给他们在仓库后面挖战壕的任务。然后巴顿就在仓库里面透过窗户观察他们，很多候选人都议论着巴顿为什么突然叫他们挖战壕，还有人争论着这样的战壕既不能当掩体又太冷，最后有一个人说："让我们把战壕挖好后离开这里吧，那个老家伙想用战壕干什么都没关系。"巴顿写道："那个家伙得到了提拔，我必须挑选不找任何借口完成任务的人。"

借口永远是借口，其危害并不仅仅是表面上的"上班迟到""任务没完成"这么简单。公司里只要有一两个经常找借口、不守纪律的员工，其他人往往会效仿他。遇到问题，大家纷纷找借口，都有自己的理由，这样一来，就形成了互相推诿、互相抱怨的局面，严重影响了公司团队精神。

在处理员工找借口的问题上，不能一味地把焦点集中在员工身上，领导者还应该反思团队的管理制度是否有问题。最关键的是，还要有清晰的"司法解释"，即明确告诉员工：什么样的行为将被定义为找借口辩解。

一个员工如果总是习惯于找借口，这就表明他并不是偶尔失误，而是他工作态度有问题。所以给下属一点压迫感，对工作有好处。王永庆对于员工的管理是这样的：王永庆每天中午都在公司里吃一盒便饭，用餐后便在会议室里召见各部门的主管，先听他们的报告，然后会提出很多犀利而又细微的问题逼问他们。主管人员为应付这个"午餐汇报"，每周工作时间不少于 70 小时，他们必须对自己所管辖部门的大事小事了然于胸，对出现的问题做过真正的分析研究，才能够过关。而王永庆要听他们的如实汇报，他只听结果，不听过程，他让那些出现失误的主管定下时间，下一次见面时给他完美的答案。

管理的出发点是发现问题，管理的归结点是解决问题。一旦觉得下属在工作当中没有达到自己的要求，而交给他一些工作，他又找借口拒绝或抗拒时，就可以采取写述职报告的方法。这种方法的目的在于让员工原原本本地把工作经过交代出来，让他反思自己的问题出现在何处，写过几次述职报告后，员工就会避免自己身上的问题了。

另外，领导者也应当对员工进行实地调查，看他是经常找借口，还是真的有突发状况，后一种情况是偶尔可以容忍的，前一种情况则是要坚决抵制。从企业的规章制度方面入手，把每一项任务分配都做到科学规范，时时监督员工在工作中的反馈，及时调整工作方向，不要总等到问题出现后才质问员工。

总之，领导者对员工找借口的行为不能姑息，不给员工找借口的机会，就是不给推脱责任的机会。

4. 为每个计划设定明确的期限

任务完成率低、员工做事拖沓，很大原因是计划没有清晰的期限。大部分员工对于模糊的时间概念都会往后拖，“一周之内完成”，必然是第七天才完成。所以，强势的领导者会为每一个计划都设定明确的期限，传达命令，要将任务的细节清晰地交代给员工，有什么要求、底线都要说清楚，更重要的是说清楚什么时候完成，有清晰的截止时间。员工若不知道截止时间，只知道一个大概，他就不知道如何合理地分配工作，影响自己的效率。

有期限的任务才能带给员工紧迫感。小米手机短短五年之内做到全球智能手机前几名的位置，在雷军的商业规划里，小米不用硬件赚钱，而是用软件，在内容和服务等“软实力”方面还有很大的欠缺。所以雷军把内容看作是小米生态完善的重要环节，也是小米平板、小米电视生死攸关的一件大事。在 2014 年，小米推出电视，刚刚加入小米就担任副总裁的陈彤立下军令状：“我相信半年的时间，小米的视频产品，特别是电视端和盒子端的视频产品会有一个翻天覆地的变化。敬请各位期待，如果没有的话，再来质问我。”

半年也就是六个月，这是陈彤对雷军的承诺，更是规划出六个月的期限对下属员工的要求。没有一个清晰而临近的期限，员工是不会提起紧迫感的。有一种直截了当的时间限制是给任务设置最后期限，强势的领导者在跟踪任务进度的时候，会直接询问事情的进展，不会询问“进展如何”，而是“什么时候才能完成”。

任务的最后期限不是领导者的决定，而应该是下属自己的承诺，因为人对于自己亲口说出的话远比对他人强加的约定。换句话说，下属对主管做出了承诺，就会努力遵守最后期限。

要让负责的下属遵守最后期限，可以让下属做计划提纲，把每一步的完成时间都写得一清二楚，并跟踪任务进度。由于有最后期限的严格限制，下属就会更加认真负责，迫于最后期限的压力，往往会格外努力。

松下幸之助精通制定计划，他为松下电器制定了长达 250 年的长期规划，也有三年之内的短期规划，他的这些计划帮助松下电器迅速崛起。早年间，松下电器在美国市场占有率极低，各大美国公司统治着电视市场，然而松下幸之助先是确立了十年之内控制美国电视机市场的目标，与日本其他电视制造商合力进攻。美国竞争对手从 25 个削减到了 6 个，不是破产就是被兼并，松下电器成长为世界级大公司，1990 年 11 月，又斥资 60 多亿美元买下了 MCA 公司，它是环球制片公司的母公司。经过精心策划的、长期的计划，使松下公司成为世界消费电子行业的巨人。

这就是计划的力量。在分配工作上，领导者要围绕着下属来打造，如何为下属恰当的分配工作有五点注意事项：

（1）选定合适的工作

要向处理这件工作的下属说明工作的性质和目标，要保证下属通过完成工作获得新的知识或经验。最后，把工作分配出去以后，还要确定自己对工作的控制程度。

（2）选定合适的员工

调查员工期待和希望的工作是什么，深刻地了解员工，从员工的兴趣、能力、特点出发，把员工与工作相对应。

（3）制定一个确切的分配计划

领导者可以把计划达到的目标写出来，给职员一份，自己留下一份备查。这样做可以使上下双方都了解工作的要求和特点，让这种分配计划指导有效分配工作的全过程。

（4）给下属规定一个完成工作的期限

向员工解释该期限是合理的，让员工通过工作报告汇报工作，以便随时监督是否能够在期限内完成工作。分配好工作，不仅能节约时间，还可以在职员中创造出一种畅快的工作气氛。

（5）检查下属的工作进展情况

确定一个评价分配出去的工作进展情况的计划，为每个员工制定工作完成表，根据工作的难易程度以及员工的能力不同，每个员工的标准都应有所不同，一般检查周期为七天，也可以缩短为三天检查一次。尽早发现员工的工作问题，尽快解决麻烦隐患。

为计划设定合理的期限，使团队任务有更大的紧迫感，这种方法经常被用于团队管理中去，实践证明该方法也非常好用。

5. 困难面前，只许前进，不许后退

强势的领导者都有坚定的信念。丘吉尔曾经有过著名的一句话演讲，演讲只有“Never，never，never，never give up”一句话，几个单词，却表达了面对困难坚决不放弃的气势。这种精神是优秀领导者都具有的，因为只有敢打敢拼，勇往直前的领导者才能取得成功。

一位年轻人在杜兰特公司找到一份工作，半年后，他很想了解公司总裁对自己的评价，虽然他觉得事务繁忙的总裁可能不会理睬，但这位年轻人还是决定给总裁写一封信。

他在信中向总裁问了几个问题，最后一个，也是最重要的一个问题是：“我能否在更重要的位置上干更重要的工作？”

让人没想到的是总裁居然回信了，他只对年轻人最后的问题做了批示：“公司要建一个新厂，你去那里负责监督新厂的机器安装吧。但你要有不升迁也不加薪的准备。”随同那封回信，还有总裁给他的一张施工图纸。

年轻人根本没有这方面的知识和经验，他也知道这是一个最大的机遇，于是他拼命研究图纸，向人请教，最终工作非常顺利地完成。总裁又写了一封信给他：“恭喜你成了新厂总经理了，我知道你看不懂图纸，但我想看看你是临阵退缩还是迎难而上，我看到了你有很高的领导才能，你有勇气向困难挑战，这是我最欣赏的，祝你好运。”

宾州大学沃顿商学院教授罗伯特·豪斯提出：“领导要素中的个人魅力就是其对信念的执着和对前途与目标的丰富想象力。”在

豪斯看来，强势的领导使下属非常相信领导者的想法和观点，无条件地接受领导，产生对领导者有情感上的依赖，结果是对领导者心甘情愿的服从。

在困难面前，坚持自己的事业，用行动感染下属，这是一个领导者应该做的事情。马云在一次演讲上对大家说道："如果你在创业第一天就说，我是来享受痛苦的，那么你就会变得很开心。我1992年做销售的时候，我说创业中乐观主义很重要，销售10次，10次为零，出去以后，果然是零，说得真对，要奖励一下自己。"

成功的领导者都有着相似的共同点，你会发现他们无论是在事业低谷期，还是在一穷二白什么都没有的时候都特别能坚持，甚至只许前进，不许后退，带动着整个团队往前走。

当一群人手足无措的时候，强势的领导者从来不会慌乱，他知道自己前进的方向，给下属以激励，继续前进。困难面前，领导者若后退，下属又如何前进？很多领导者在团队的初期阶段都要面对非常严苛的困难，但是他们都极具魄力地战胜苦难，走向成功。

1976年，乔布斯和沃兹尼亚克成立了苹果电脑公司，地点就在乔布斯家的车库里。当时，乔布斯利用自己的公关能力，找到了当地的一家电脑商，给他介绍了今天看来这款具有划时代意义的电脑，只不过当时该电脑连个外壳都没有，就是乱七八糟的电路板。该商店老板表示要订就订50台，而且电脑必须完全组装好才行。

乔布斯接了下来，沃兹尼亚克听到后都惊呆了："你知道那是多么大的工作量吗？"沃兹尼亚克认为那根本不可能完成，还要赔偿违约金。乔布斯不这样认为，他为了筹备材料资金，出售自己各种值钱的东西筹款，甚至卖掉了自己的小汽车。他们三人与两名朋友在乔布斯家的车库里日夜不分地装配和进行马拉松式的测试，终于在最后期限成功交货。这50台电脑给初期的苹果公司带来了启动资金和声誉，如果没有乔布斯的“胆大妄为”的话，或许苹果公司很快就会倒闭的。

乔布斯此举的强势在于他知难而上的魄力，这种强势是面对困难时不退缩、不逃避，做出别人敢想而不敢做的事情，这是“领袖”二字的意义，能扛得住“危险”，战胜得了“困难”。这种“不退缩”“不逃避”的精神将传递给自己的下属，给他们也带来强大的信心，进而迸发出团队的力量。

真正的领导者不只会面对潜在的困难，甚至还会给自己设置困难，用来提升自己的能力，锻炼自己的意志。面对困难只想到退缩的人领导众人，因为退缩会使一个团队形成群龙无首的局面，是很容易被击溃的。

拿破仑曾经说过：“有时候胆识就是智慧。”这些个名字闪耀的领导者哪个不是经历了无数困难之后才走到今天的地位的，当初若是有退缩的念头，或许今天的人们就要少见到几个知名品牌了。困难是一口警钟，能够时时提醒领导者前方还有很长的路要走，也能够让领导者的能力不断提升，更让团队不断地进步。

6. 坚持自己对未来的判断，自信是最大的感染力

几乎所有企业都会经历一段艰难的时光，在这一阶段坚持不下去就会失败，这个时候的领导者自己首先要保持镇定，否则团队将“群龙无首”，领导者自己要临危不惧并且不要因失败而感到沮丧。如果说一家公司的CEO都灰心丧气了，那么底下的员工该怎么办?

一旦连 CEO 都不相信自己的公司会渡过难关，又谈何员工呢？领导者的一举一动都会被下属看在眼里，所以危机当前，首先要保持镇定和自信，去感染员工。

我们看到所有成功的企业家都是自信的，他们能坚持自己对未来的判断，在最艰难的时候用自己的信心感染团队，扫除负面的阴霾，振作精神走向成功。

马云一直自信满满，用他充满自信的演讲给人激励，哪怕是在最困难的时期，他也无比自信。马云说："我们看了《中国合伙人》，这个电影很好，但是这个电影有很大的问题，男主人公老哭，其实创业者是不哭的，是让别人哭。所以我们永远相信未来、相信年轻人、相信别人，我如果不相信别人，阿里巴巴的程序写不出来，我不相信别人今天市场不会做得这么大，我们只是告诉大家什么是我们要坚持的。"这句话彰显了马云对于未来无比的自信以及对自己无比的自信，而这种信心也有上向下传递到阿里巴巴的员工身上，形成阿里巴巴的企业文化。

马云说过："我深信不疑我们的模式会赚钱，亚马孙是世界上最长的河，8848 是世界上最高的山，阿里巴巴是世界上最富有的宝藏。"马云非常自信，每一个接触过马云的人都有这种感觉。有人评价马云时说："他走每一步的时候都很有底气、很有把握，都在他的谋略和计划之中。所以他什么都不惧。"正是这股毫不畏惧的自信，引领阿里巴巴一直向前。

刘强东也曾表示："中国企业家需要自信，这种自信是超越舆论质疑的自信。"领导者的自信表现在敢于面对别人的质疑，困境中也毫不退缩。不会出现胆怯、退缩等负面情绪，并且自信的人勇于承担责任，不会因为事关重大而优柔寡断，更不会因为想着逃避不好的结果而瞻前顾后，他们做事常常雷厉风行，说到做到。领导者一旦失去自信心，就会失去前进的动力，而一旦有了充分的自信心，就可能产生强大的内驱力，燃起智慧的火花，激励团队奋发向上。反之，没有自信的领导者，带出来的团队也会让人失望。

罗曼·罗兰说："先相信自己，然后别人才会相信你。"自信是领导者开拓的武器，韦尔奇称之为"战胜困难的唯一武器"。同时，自信的人很容易感染别人，如果一个领导者具备了这项优秀品质，那么无疑会为下属们注入强大的活力，工作开展得也定会顺利、圆满。

爱尔兰著名的戏剧家萧伯纳曾经说过："有信心的人，可以化渺小为伟大，化平庸为神奇。"对于一个成功的领导者来说，自信极为重要，不过，如果自信过了头变成了自恋以至于都有些刚愎自用了，那就很可能出问题。

自信不是不顾一切往前冲，自信是基于自己的判断，对自己的未来有清晰的认知。优秀的领导者都有强大的自信，但不会自负，他们是毫不退缩，而不是盲目前进。真正的自信是建立在实力基础上的，所以领导者会先"修炼"自己以及团队，自信心自然倍增。

自信是最大的感染力，当危机来临，或者未来的路不清晰，领导者把团队鼓舞起来的唯一方法就是自信的感染，领导者对未来保持乐观，团队才能乐观，领导者对未来有信心，团队才能有信心。

7. 用有难度的工作来挑战你的下属

在企业管理中，有挑战性的工作会对下属有良好的激励作用。有些领导者会担心员工的能力问题，不会给员工安排有难度的工作。

但是从团队的角度来讲，团队若一直在做简单枯燥的工作，那么就永远都不会有进步。

从人才管理上，每个人都是有潜力的，但是如果不能给予足够的难度，去挑战员工的极限，那么他的潜能就不会被激活，个人成长自然无从谈起。只有赋予了员工具有挑战性的工作，员工才能为了完成工作不断地学习，不断地提高自己的知识和技能，在完成一项又一项有难度的工作的同时，提高自己的能力。

斯坦福大学曾经在2010年做了个实验，他们选择了一批素质很高的人作为测试者并对其进行封闭式培训。培训前他们反复地告诉接受培训的人："你们都是万中挑一的精英，我们要对你们进行最好的培训，四周后你们将接受企业内最重要的职务。"然后测试者就开始学习沟通、情绪管理等课程，这些人激情越来越旺盛，开始跃跃欲试，急切地想知道到底是什么工作在等待着他们。

四周后，工作人员把他们叫过来，每个人发一些纸、一把剪刀，并表示他们的工作就是用这些纸和剪刀来制作记录用的便条。当即就有测试者表示失望的愤怒，他们在培训中学习的沟通技巧、情绪管理毫无作用，根本不再有做事情的动力。

该实验表明，没有挑战性的任务对人的伤害是很大的，尤其对于很多想要上进的员工来说。一个人所有良好的素质都不会被激发出来，这样的团队也就会分崩离析。大部分企业都在培训激励员工，员工接受激励培训后所产生的动力也许在短期内会有上升，但之后就会迅速下降。很多企业的管理者认为这可能因为激励的频率不够，于是提高了培训的密度，其实企业没有必要在这方面加大投入。

殊不知对于员工来说最好的激励就是能激起他们兴趣的是有挑战性的工作，只有领导者真正赋予下属和员工有挑战性的任务时，他们才会有动力去应用培训中所学的知识，培训的效果才能表现出来。如果员工一直面对着简单的工作，时间久了势必会产生惰性，工作能力会越来越低。

从职业安全心理上来说，领导者把具有挑战性的工作赋予某员工，意味着团队需要他，不会炒他的鱿鱼，使其具有较强的职业稳定性和职业安全感。这就是有挑战性的工作带来的激励属性，美国哈佛大学教授威廉·詹姆斯通过对员工的激励研究发现，实行计件工资的员工，其能力只发挥20%～30%，仅仅是保住饭碗而已；而在其受到充分激励时，其能力可发挥至80%～90%。

著名领导力培训专家彭杰认为，正是接受挑战性工作本身的这种紧迫感和责任感而不是工作本身，使得领导者的下属今后得以成功。工作中的挑战是非常重要的，它能够激发一个人的工作热情，激励领导者的员工在今后的工作中更加勤奋努力，从而对自己树立起坚定的自信心，获得事业的成功。

受人重视是每个人的期望，员工也是如此，受到领导者的重视与赏识是他们最原始的动力之一。对于有上进心的员工来说，领导者赋予他有挑战性的工作就是“看得起他”，他就会迅速调动自己的工作积极性，把任务完成，不让领导者失望。

挑战性工作适用于员工个体，同时也适用于团队的激励。为团队设立一个有难度、明确清晰的目标，能够帮助团队更好地找到前进的方向，团队渴望完成领导者的任务目标，他们就会更加努力工作，团队的效率自然就提升了。

8. 抓大放小，小事上难得糊涂

商界流传着“领导的四重境界”：“一流领导者，只做人；二流领导者，多做人，少做事；三流领导者，既做人，又做事；四流领导者，先做事，后做人。”我们经常看到一些这样的领导者，他们整天忙忙碌碌，工作十小时、十二小时，放弃了娱乐、休息和学习，甚至连看报、看文件的时间都挤掉了，还是感到时间不够用。他们的问题出在哪里呢？作为一个领导者，当发现自己忙不过来的时候，就应该考虑自己是否已经侵犯了下属的职权，做了本来应当由下属去做的事。

所以优秀的领导者懂得抓大放小，在具体工作方面交给员工去做，自己负责决策等战略方面。托马斯·怀特将军在谈起领导人的工作重心时说：“关于决策问题，我首先想到的是，当然不一定是最重要的，但不能陷入细枝末节……许多人无法做出决策，就是因为他们只见树木不见森林，把所有的精力都消耗在细节上。为避免陷入细节，领导者一定要下放权力，然后接受任何结果。如果某个部属犯了错误，领导者要为此承担责任，要支持部属。”

德国战争部长弗雷舍·冯·哈默斯坦依考德曾说：“我把手下的军官分为四类人：聪明的、勤奋的、懒惰的和愚蠢的。每个军官都具备这四个特征中的两个。那些聪明而勤奋的军官，我让他们在总参谋部工作。聪明而懒惰的军官，命中注定适合在高级指挥岗位任职，因为他们适合处理所有的局面。在某些情况下，愚蠢而懒惰的军官也有用处，但那些愚蠢而勤奋的军官必须立即离开部队。”

优秀的领导者大都是不会把自己忙得焦头烂额的，甚至会发现有一部分领导者特别悠闲，平时里似乎特别“懒”。其实这个“懒”并非通常意义上的懒，而是指能将大事和小事区别开来的能力，即抓住大事、避免陷入细枝末节。领导人应当掌握这个本领，以便能抓住最重要的事情，次要的事情则交给员工去做。

一位著名企业家在做报告，当听众咨询他最成功的做法时，他拿起粉笔在黑板上画了一个圈，只是并没有画圆满，留下一个缺口。他反问道：“这是什么?”“零”“圈”“未完成的事业”“成功”，台下的听众七嘴八舌地答道。他对这些回答未置可否：“其实，这只是一个未画完整的句号。你们问我为什么会取得辉煌的业绩，道理很简单：我不会把事情做得很圆满，就像画个句号，一定要留个缺口，让我的员工去填满它。”

抓大放小，难得糊涂，是一种智慧的态度。一个人的能力和才干毕竟是有限的，领导者不可能把公司所有的职权紧抓不放而事必躬亲。所以他们会把部分职权交给员工，与下属建立良好的合作关系，并充分激励他们。

领导者必须明白，凡是下属可以做的事，都应该授权让他们去做，领导者只应做领导应干的事。凡是已经授权给下属去做的事，领导者就要克制自己，不要再过多插手。

领导者是带领整个团队的人，什么事都亲力亲为那还讲什么团队精神呢。领导者把所有的活都揽在自己身上，那么部下就不会得到成长和锻炼。但是这也并不是说领导者就应该把所有事情都交给属下去做，如果一个团队已经成长起来，部下都能够独当一面，那么领导者就应该放手，转而去关注宏观战略方面的问题。如果团队还未能独当一面时，领导者应当努力地寻找办法，去推动团队成长，去打造团队，而不是去做事情。就像是古代皇帝若是有东西掉在地上，就要有太监去捡，不是皇帝懒，而是根本不允许他去捡，因为要维护皇族的威严和神圣，来加强臣子的忠诚度。

在企业里也同样如此，有些事情作为领导就不能做，必须去亲自指挥属下去做，否则很容易造成忠诚的崩塌。所以，在团队建立起来之后，我们可以为团队寻找成长的办法，促使团队前进，进而获得更大的发展。甚至可以鼓励部下大胆去做，给予他们更多的发挥空间，告诉他们不要怕承担责任。

领导就是一种兴奋剂，职责所在就是让下属动起来，让每一个下属都充分发挥自己的能力特长。在把工作交给下属处理之后，领导者则可以把大量的时间来思考更深层的问题了，这才是一位团队领导者真正要做的。领导者要能够借力使力，只做人不做事，同时还要让下属把事做得漂漂亮亮的，这才是真正的领导者。

第 12 章

该淘汰绝不手软，流水不腐有活力

Everybody should
be activited in a
good team

1. 领袖应该要多一点霸气

富士康董事长郭台铭说："在快速成长的企业，领袖应该要多一点霸气。"的确，领导者就应该具有舍我其谁的霸气。这种霸气来自于充分的自信与运筹帷幄的才华，来自于杀伐果断的严明，来自关键时刻不近人情的冷酷。领袖的霸气，更多的是建立在一种力量和智慧之上，是领袖驾驭和征服世界不可缺少的气度和果决。

在很多人眼里，向来敢想敢为的台湾企业家郭台铭在商海里一直给人以独裁、霸气等印象，而出现在众人面前的时候郭台铭经常以"总裁我"自称并讲话，并对外霸气地将自己的企业称之为"紫禁城"。

郭台铭是很多台商眼里一辈子都无法逾越的高山。他一生雷厉风行，快意恩仇，一个嘹亮的"滚"字只骂给最看重的下属，无论什么场合，嘴里经常蹦出一连串"总裁我"更是让无数人体会到什么是霸气外露。

鸿海 2011 年的股东会上，有一些小股东在股东会上当着郭台铭的面抢着发言。整个会议也因此上演出了一幕小股东干扰议事的"剧情"，郭台铭当场以雷霆万钧之势大声说道："5 股的股东我不要，请你闪开。"并下令保安把小股东"请出去"，对此，郭台铭毫不客气地说"你有 5000 万股，我让你上台讲话，拿 5 股来干扰议事，你到别家去，我不欢迎你，你卖掉好了，你今天就卖掉。”其充斥着自信的霸道话语一时间震慑全场。

尽管郭台铭的工作作风如此强势，曾不止一次，郭台铭在股东大会的说过这样霸气的话语：“没有长期发展眼光，不能认同鸿海的投资人，就不要买鸿海股票!”郭台铭的“霸道”魅力十足，重要的是他的这种“霸道”融入进企业的管理当中，上下执行力极为统一。

“霸道”的领导模式首当其冲的表现是严格的执行规定。历史上第一个践行“霸道”理论的人物就是商鞅。春秋战国时期商鞅在变法时，太子冲撞了商鞅，“刑不上大夫”，更不敢上太子，就让太子的两个老师代过，一个剁掉了一只脚，一个削掉了鼻子。太子的老师都受到如此的惩罚，其他百姓犯了法该受到什么样的惩罚，可想而知。秦国自商鞅变法后，国力日益强盛，至秦王嬴政继位后，秦国凭着强大的军事实力一举吞并六国，统一天下。

优秀的领袖应当具有雷厉风行甚至略显霸气的处事风格以及决断力。在繁多的信息里面准确的挑选出对于自己而言最有价值的东西，经过多方面的思索与论证之后，应当在最短的时间内作出最正确选择，只有这样才能使组织不断地进步与发展。

在企业界中流传着这样一句名言：“墨守成规，四平八稳，优柔寡断，畏首畏尾，不是企业家的气质。”“霸道”意味着果断坚决，意味着雷厉风行和说一不二，只有“霸道”的领袖才能建立起有执行力的团队。气场强大的领导者往往能够在重要场合“镇”得住，发号施令才有威严。

1984年，《财富》杂志评选“美国十大最强硬的老板”，杰克

·韦尔奇列在首位。杰克·韦尔奇在通用电气公司的前十年，一直被称为企业界的“魔王”，因为他对员工很严厉，甚至达到残酷的地步。不过后十年他逐渐成为最受推崇的首席执行官，韦尔奇的声誉更是达到巅峰，原因在于通用电气公司发生了质的飞跃。杰克·韦尔奇将一个弥漫着官僚主义气息的公司，打造成一个充满朝气、富有生机的企业巨头。

“霸气”的领导一般都有非常硬朗的作风，虽然对待下属比较严厉，注重运用诸如“命令”、“控制”等一系列强硬手段，甚至连说话都特别严厉，但却能够在很大程度上扭转被动落后的局面，振作下属的精神和斗志，如此一来，业绩也会有个很大的改观。

有许多领导从者内心里是排斥“霸气”的，他们想的是如何提高下属的满意度，而不是敬业度。于是，他们像娇惯自己的孩子一样娇惯自己的下属，放松管理不说，对下属的懒惰、错误也睁一只眼闭一只眼，久而久之，对个人和团队绩效都会带来极大的伤害。

霸道的领导者往往会给人强大的进取之心，事实上只有懒惰的庸才会认为自己的领导“霸道”，对于真正的人才来说，他们只有在严格的领导下才能充分施展才华。正如著名的管理学大师彼得·德鲁克谈到的：“在每一个成功的组织中。总有那么一位领导，他并不爱护人，并不帮助人，也并不同人友好相处。他冷酷、不讨人喜欢、对人要求很高，但他常常比其他任何人都能培养出更多的人才来。”

2. 告诉下属：要么全力以赴，要么早点滚蛋

格力电器董事长兼总裁董明珠说过这样一句话："要么全力以赴地干，要么早点滚蛋，在任何一个位置混日子迟早会有人拿你开刀，你要明白，做企业不是做慈善，如果你愿意被慈善，我建议你去要饭。"

董明珠的话看似无情，实则真理。当一个团队出现效率低下等情况时，那就是员工出现了问题，归根结底是领导者的问题。因为领导者没有管理好员工，没有把组织效率提升上去，更重要的是没有把团队里混日子的员工踢出去。负面的员工不换掉，弊大于利。状态不好的员工不空出来，状态好的员工就无法进来，恶性循环，团队会越来越差。

混日子的员工如同害群之马，他们不光拖累团队的效率，还会影响团队的风气。在别人努力工作的时候，他们优哉游哉地闲逛，还影响别人干活，最后论功行赏又一分钱不少拿，其他的人会心生不满的。

在阿里巴巴，马云也对类似员工有过定论，他把这种员工称为"小白兔"，他说："阿里巴巴公司的平时考核中，业绩很好，价值观特别差，即每年销售可以卖得特别高，但根本不讲究团队精神，不讲究质量服务，这种人我们称之为'野狗'，我们的态度非常坚决：杀！毫不手软地杀掉他。因为这类人对团队造成的伤害是极大的。而对那些价值观很好，人特别热情、特别善良、特别友好，但业绩却总是好不起来，我们称之为'小白兔'的这类人，我们也

要杀。”

马云向来对于团队建设非常重视，同时也非常“狠”，不符合要求的员工一律赶走。马云不要一个为人很好却能力有限的员工，他更不要一个能力很强却惰性十足的员工，对这类员工他会坚决开除，以儆效尤。目的在于给其他那些具有惰性心理的员工警告，在团队里就不允许有人习惯性偷懒、混日子。

2016 年凡客的陈年，曾经发文反思过凡客倒下的原因。他说：“现在回想起来，公司越热闹，烧钱混日子的人越多。凡客曾经为了达到年销售额 100 亿的目标，倒推需要扩张多少品类、多少 SKU (库存量单位)，需要有多少人去承担这样的业务量。按照一个人管七个人的原则，公司就要有几十位副总、两三百位总监。那时，我自己也陶醉在这种热闹中，把所有精力都放在怎么管理这一万多人，却不知道公司真正要管理的应该是价值。”

最终，陈年痛定思痛，他说：“之前凡客已经挤满了多少凑热闹的人，如何让这些人尽快离场?”陈年想了一个狠招，他把公司从西二环搬到了南五环亦庄去，他就是希望一些不上进的员工适应不了后离开。搬家前，凡客有 5000 多人，搬家后，陈年以为减到一千多人就不错了，没想到最后减到了 300 多人。

一家创业公司居然累积到数千人，而且其中很多都是占着位置不真正做工作的人，这样的团队又怎么能有效率。幸好陈年最后缩减无用人员，让凡客重新走上了正轨。

当然，面对混日子的员工一味开除并不是最好的办法，真正治本的方法是让所有员工都积极起来，首先就要让员工看到希望。大部分消极怠工的员工除了性格或思想原因，更多的是他们对工作毫无希望，他们认为此工作毫无前途，再努力工作也得不到更多回报。所以，领导者应当设立良好的奖惩制度，为多劳者发丰厚的奖金，为工作效率低者进行惩罚，还可以淘汰一部分员工，建立起相关的危机文化。

混日子员工是每个企业的敏感问题，要解决混日子员工的问题，必须根据企业的长远目标与当前的发展规划，让那些混日子的员工通过“照镜子”的方式发现自己的优势与不足。一位管理学家说：“如果你让员工干得好，就得给他一份恰当的工作。”无论是末位淘汰还是竞争上岗，其实质都是要在合适的时间将合适的人才放在合适的位子上。

通过增加员工责任，赋予员工一定的工作自主权和自由度，给员工充分表现自己的机会。将报酬与奖励要决定于员工实现工作目标的程度，将有关员工工作绩效的数据及时地反馈给员工。通过种种措施，激励员工摆脱懒惰心理，提高团队效率。如果团队内仍有混日子的员工，那就要立刻清除掉，绝对不要讲任何情面。你讲情面，就是对团队的不负责任。

作为领导者，在面对新入职的员工时，我们应该直截了当地告诉对方：“公司不是舒适的温床，如果你想每天喝喝茶混一天，那么就不进来，省得我再把你清出去。”用严格的管理保障员工们始终保持奋进，用坚决的态度清理碌碌无为的员工，才能使团队的战斗力始终保持高水平。

3. 让拒绝执行命令的下属“靠边站”

每个团队中都有几个特别难管理的员工，对于不喜欢的工作，刺头员工往往喜欢推脱，还很喜欢跟领导者唱反调，会拒绝执行命令。这种不听话的员工大部分是能力超群的老员工，加入团队的时间相对较长，有一定的工作能力和经验。

刺头员工的存在从某个角度上看，可以形成对管理的群众监督，但如果任由“刺头”肆意而为，势必影响团队管理，削弱管理层的领导力和执行力。出现类似员工必须以恰当方式处理，对不听话的员工要分情况对待，并不是所有类似员工都要用同一种方法。

员工不听话基本有四种原因，通过这四个原因分析，你就会发现不是员工不听话，而是上下之间缺乏沟通造成的。

（1）员工不知道该做什么

规章制度不够完善，命令传达模糊，就有可能造成员工不知道该做什么的情况，员工也不知道何时开始、结束，更不知道做到何种程度才算是完成任务。很多领导者在安排任务的时候，总会用“很急”、“快点”来表明任务的紧急，但是“很急”依然是个模糊的字眼，员工可能理解为一天之内做完，所以类似命令应当以准确期限来限制员工。

你要做的就是明确地告诉员工你的时间要求，“尽快”、“还不错”这些都是不职业的沟通手段。

（2）下属以为自己正在按要求做

一些管理者在安排任务之后，就处理自己事情去了，觉得自己这些下属能够有能力处理事情。但是往往只对于一些能力与素质双高的员工来说，领导者可以只问结果，不问过程。对于大部分员工来说，没有人时刻监督和提醒，是很容易做“偏”的。他们会以为自己正在按照领导者的要求在做，可是方法和方向不对，做出来的结果与领导者的要求相去甚远，想改都来不及。

任务执行过程中出现监控、反馈、指导、沟通问题，就会出现员工越做越“偏”，好像故意不好好完成工作一样。所以领导者应当随时询问下属做事方向，监督任务完成进度，给予正确的指点。

（3）下属认为自己的方法更好

领导者会交给下属一些自己的经验，如“这件事情应该这样做”、“我以前这样做的很快”，这类说法对于虚心好学的员工是经验之谈，但是对于一些对自己能力更看重的年轻员工来说，可能就不会领情。甚至有些心高气傲的员工会觉得领导者是个纸上谈兵的人。

面对这种情况，领导者应该跟下属直白地沟通，直截了当地指出他们的方法不正确，并告诉他们不要再用错误的方法尝试工作，否则就予以惩罚。

（4）下属认为有更重要的事情要做

当员工出现任务拖延情况时，或许他们会用在做更重要的事情来作借口。无论员工是否真的在做另一件事情，我们也应当责问为什么时间没有安排好，在很多时候工作只看结果不看过程的，提醒员工应当完成任务的先后顺序，在没有完成时自愿接受惩罚，这是领导者应该传达给员工的信息。

由以上可以看出，有时候员工的“不听话”并非其心所愿，而是上下沟通不利，上行没有下效，导致团队工作效率低下，员工干活拖拖拉拉。改善团队管理，展现领导者雷厉风行的工作风格，可以有效改善团队氛围。

当然，团队里也可能会出现自持劳苦功高的员工，时常会对我们的命令拒绝执行，这类员工我们要与之好好谈谈，让他们摆正自己的位置，认识到自己依然是个打工的。也可以把此类员工置于“冷宫”，排到冷清部门长时间不给工作，让他们趾高气扬的心冷却下来。

如果依然顶撞命令，那就是这个员工对我们有意见，甚至故意跟我们作对，可以找他谈谈，是否是因为我们的错误导致员工出现这样的想法。如若不是，那对这类员工没有留下的必要，应当立即清理出去。留的时间越长，对团队的破坏越大，他们会公然打破领导者的尊严体系，让其他员工也对领导者不尊重起来，这种恶劣影响要立即就消除。

4. 自以为了不起的人，请马上离开

企业中会存在明星员工，这类员工能力高，受众人拥戴，还为公司立下过汗马功劳，用好明星员工会树立一个很好的榜样。但是管理不好，明星员工就会发展成为“孙悟空型员工”，也就是他们自视甚高，自以为自己很了不起，不把同事和领导放在眼里，常常以自我为中心，不合群，眼睛长在额头上。他们认为自己有别人无可比拟的能力，尤其在工作中还会出现独断专行的情况。

对于“明星员工”，需要以“持续成为团队典范，但不能让他

膨胀无度”，还要以“进行有效的节制，但不能打击积极性”的原则来进行管理。首先，名气越大责任就越大。根据具体的“明星员工”个体情况进行管控——主要是让他承担更大的责任，让责任感来约束，让他有压力，有压力就有动力，有动力就有前进力。

其次，让明星员工产生危机感。让“明星员工”知道这个称号并不是终身成就奖，如果违反制度或“干不好”，就马上不是“明星员工”了，所以他会珍惜现在和不断进取，保持“明星员工”就是保持他的成就和价值。

蒙牛乳业集团有“标杆经理”的评选和嘉奖，是中层管理者们很看重和为之努力的一个荣誉和认可，有比较严格的评选标准和阶段。

让“明星员工”有紧迫感，“明星员工”也不是“唯一获此殊荣者”，如果别人也像你一样达到要求，干得好，也会涌现其他“明星员工”，所以他需要不断地进步和继续成为典范。

然后，领导者可以把储存在明星员工脑袋里的技术方案、经验、事故教训、客户资料等等都挖出来，并且是硬性地挖出来。例如通过月度业务技术分享会、完善客户资料、事故分析会等等形式，把这些存放在明星员工脑袋里的东西都给挖出来，变成内部学习资料，完善到业务流程，补充到客户档案里去。通过让明星员工进行内部培训，推出更多的优秀员工，缩小普通员工与明星员工之间的差距。

领导者一定不要让“明星员工”觉得自己高人一等，否则他们会越来越自以为是。保罗·哈维认为，另一个导致自我为中心的原因是未满足的预期。要想解决这个问题，领导者可以完全透明地说出他们期望的努力、绩效和行为。例如：“我希望你在未来三个月将客户基数增加 10%。”有了真正的标准之后，再自以为是的员工也要规规矩矩地完成标准。

破坏性明星员工对一个机构的破坏速度简直无人能出其右。他们傲慢，认为自己不需要遵守公司的规章制度，不需要尊重公司的价值观，这样的员工不纠正他们的恶劣行径，就相当于在公司里埋下了一颗地雷，最终会毁了整个团队。对于这样的明星员工，应当绝不手软，请他们立刻离开。

对于自以为是的明星员工，要么让其离开，要么合理使用，适时地杀杀他的锐气，制定更高的目标和要求。如果觉得对其不能很好掌控，就要及时清出去，以免给团队造成不良影响。

5. 坚决清除那些吃回扣、手脚不干净的人

阿里巴巴曾经在 2011 年遭遇“欺诈门”，当时事件很是轰动。阿里巴巴爆出特大丑闻，近百名阿里巴巴销售人员故意或疏忽纵容骗子公司的存在。马云异常愤怒，立即开会并展开调查。调查后发现，2009、2010 年两年间共有超过 2000 家的“中国供应商”客户涉嫌欺诈。随后公司 CEO 卫哲、COO 李旭晖引咎辞职。马云称，公司高管必须为此负责。

马云在随后写给员工和客户的邮件中称：“对这种触犯商业诚信原则和公司价值观底线的行为，任何的容忍姑息都是对更多诚信客户、更多诚信阿里人的犯罪！”马云说：“诚信，是阿里巴巴最珍视的价值观基础，这包括我们员工的诚信以及我们为小企业客户提供一个诚信和安全的网上交易平台。我们希望释放一个强烈信息，

就是任何有损我们文化和价值观的行为均不可接受。”

在阿里巴巴内部，发生过这样一件事：阿里巴巴有一个业务员，为了做一个山东一线城市的房地产商的生意，他向客户许诺说，阿里巴巴能把他的房子卖到全世界，以此为诱饵，他顺利做成了这位客户的生意。然而，尽管它给阿里巴巴带来了6位数的收入，但阿里巴巴仍然把钱退给客户，并对员工进行了处理。

马云说：“为什么说把客户利益放在第一位？如果按照股东的利益这个钱该收。但是，按照客户利益第一的原则，阿里巴巴这样做就是在欺骗客户！阿里巴巴根本就无法把房子卖到全世界。这显然是业务员夸大了阿里巴巴的能力。”

如今，阿里巴巴的员工已经达到2500名，马云说：“我们不能保证每个员工都能够把客户利益放在第一位，但是我们训练的时候就是必须要这样。”事实上这并不是阿里巴巴第一次处罚有关不诚信的事件，阿里巴巴网站成立早期的2002年，有会员要求签单后给回扣，高管经过整整一天的会议决定：“不可以。”并在当年底开除了两名业绩排名最前的销售人员，尽管两人完成了高达六成的业务量。马云说：“这是我们一直贯彻的价值观。”马云雷厉风行，坚决处理有问题的员工，为了杀一儆百，连CEO都撤职了。

没有职业道德的员工，留在团队内部会“污染”团队里的其他人，哪怕该员工能力超群，也要坚决清理掉。因为他起初是吃点回扣、那点外快这种道德瑕疵，时间久了说不上会做出什么危害公司的事情。

一个人无德而不立，公司内员工也不应当存在道德问题。很多道德问题虽小，却能反映一个员工的真实品质。当利益足够大时，他就有可能做出违法的事情来，这对于公司的危害是极大的。

在聘用员工阶段，就应当对员工进行严格考核，如其过去有没有存在欺诈等不道德行为，甚至一些学历造假的员工也不能录用。因为这样的员工他们的道德水准不够，他们能做出小的欺诈行为，就有可能出现大的道德问题。

忽视对员工道德风险的管控，必然埋下风险隐患。我们不求员工有多道德高尚，但是基本的做人做事原则还是要遵守。或许有些领导者认为员工拿回扣是在替公司创收，这就是大错特错了。员工代表的是公司的形象，真正的利益也不是拿回扣就能拿回来的，而是要与客户真正地合作。坚决清除那些吃回扣、手脚不干净的人，保持团队的原则性问题，有利于建立更好的团队氛围，招揽一批有道德的员工会给你带来很多好处。

6. 那些传播流言蜚语的人不能留

管理学上有“饮水机效应”，就是说办公室里都有饮水机处，员工们平时会三两个凑在饮水机旁边喝茶水、咖啡，这时候就会聊聊天解闷，会聊一些明星话题、新闻热点，同时也会聊关于团队的话题，包括一些谣言、流言蜚语。办公室的茶水间就像是一个小道消息、流言蜚语的加工地和散播地，如果不进行果断处理，就会出大问题。

有一些领导者认为一些流言蜚语是办公室的调味剂，没有什么大不了的，算是枯燥办公室里不可避免的一部分。事实上，毫无节制的损害公司的谣言最伤员工的士气和信任感了，领导者应该做的是公开应对谣言，传递正确的行为预期，并抑制单边信息分享。

小道消息往往会发展成毫无根据的谣言。造谣者会不断传播这些谣言，即使它们缺乏事实根据，或者可能损害他人的声誉。这类行为一直都存在，员工们会议论薪水问题、裁员问题等等，甚至上司贪污、任人唯亲的流言，一旦谣言四起，就搞得人心惶惶。

领导者一定要坚决打击流言蜚语的出现，一旦出现也要严厉制止，对谣言进行澄清。流言蜚语的出现，是因为一小撮人在搬弄是非，对于这部分人，要坚决清除。著名的睿仕管理顾问有限公司的副总裁怀特·福德强调："面对攻击他人的个性、私生活或其他缺点的谣言时，最好的办法就是在团队和受害者面前公开应对该谣言，并且就某人的轻率之举向受害者道歉。此外，在这类场合，内疚感比任何正式的惩罚都要有效，因为它是发自内心的反思——这足以使人意识到自己的不当行为对团队造成的影响。"

英国一家大型科技公司的高管发现，放任谣言流传会影响工作的质量，甚至会导致产品的销售，因为当销售团队中有谣言认为一款产品没有效果，或者难以生效时，这些谣言或许包含真实成分。但谣言往往夸大了事实，意味着没人想要解决这个问题……于是销量也会降低。

除此之外，办公室里的谣言是办公室矛盾的根源所在，这是不折不扣的祸根，不要相信随着时间推移谣言会不攻自破，在这之前造成的负面影响已经无法挽回了。谣言会在它会在办公室本来和谐而紧张的工作气氛中掺入一些很不协调的东西，使员工的工作热情大减，同时感到危机四伏。所以，当领导者一手建立起来的高效能干的团队就要被流言蜚语所破坏时，领导者要出来辟谣，并打消员工们的负面影响。

（1）彻底了解谣言本身

办公室谣言本身就是若隐若现、若有若无的东西，要破解谣言就要先了解谣言本身，需要耐心的调查和细心的观察，帮助自己对办公室现状有一个良好的判断。

（2）寻找谣言的漏洞

这一点很重要，也是彻底驳倒谣言的关键所在。与此同时，还要注意搜集有关的证据，包括人证和物证，为彻底辟谣做一些必要的准备。这个过程非常关键，找到谣言的漏洞才能“一击制胜”。

（3）顺藤摸瓜，找出谣言的制造者

领导者要通过多方调查找出散播谣言的罪魁祸首，首先要找他谈一谈，言辞暂且不要过于激烈，强调问题时对事不对人，关键问题点到为止。与其发生正面冲突是不冷静的，而且会有负面影响。找到对方制造谣言的目的，充分了解员工们的心理状态。

（4）攻破谣言

一切准备工作都已做好，领导者对辟谣工作已是胸有成竹，这时，就可以将证据私下传播，也可以召开大会公开辟谣。同时还要对搬弄是非、散播谣言的人进行严惩，甚至采取法律手段处理，让员工们看到散播谣言的下场。

（5）创建良好的工作环境

一个沟通良好、彼此信任的工作环境里，谣言很难产生。所以领导者要引导员工们学会与人相处，以宽容理性的态度对待别人，同时让他们知道彼此之间渗透的关系——团队纽带，这会在一定程度上影响他们潜意识中的道德观，减少谣言产生的可能性。在激励员工的同时不忘引导良性竞争，避免过度竞争，可以减少工作中的矛盾冲突。

（6）减少谣言可能出现的概率

这就需要领导者制订一些具体的措施，有时候甚至还需要一些不通情理的条文，比如“办公室内不准议论旁人私事”“办公室内不准议论有损公司的话题”等等，尽管这可能会让一些活跃的新员工感到不适应，但是慢慢地也会接受。这样的方法不近人情，但却也从最根本上减少了谣言产生的概率，让团队免受谣言的困扰。

7. 坚决做到能者上、庸者下

1999 年，当马云收购陆兆禧的互联网长途电话业务小公司后，陆兆禧觉得这是一个有能力的人，因此就跟着干了。到了 2003 年非典肆虐，深圳人人自危，业务根本没法开展，但即使在这样困难的情况下，在陆兆禧的带领下，阿里巴巴华南大区迅速壮大，到 2004 年 8 月，华南大区的业务团队已从陆兆禧组建之初的孤家寡人发展到百余人。

对此，马云非常满意，他力排众议任命陆兆禧出任支付宝总裁。2004 年 12 月，陆兆禧带着手下 7 个人开始支付宝的初期创业。在陆兆禧的苦心经营下，支付宝开始几乎覆盖各个行业，长久占据第三方支付的龙头地位。

2008 年因孙彤宇的离职，陆兆禧被调到淘宝，出任淘宝 CEO。在他的任期之内淘宝成交总额攀升了八倍。2012 年 7 月，陆兆禧出任首席数据官岗位，负责全面推进阿里巴巴集团成为“数据分享平台”的战略，向集团 CEO 马云直接汇报。如今陆兆禧接替马云成为阿里巴巴 CEO，又成为阿里巴巴董事局副主席，马云对他极为信任。马云管理团队的一个优点在于谁有能力他就用谁，从来不讲私情。

我们来看一些著名企业家是如何求贤若渴的。360 董事长周鸿祎拿出 10% 的股份激励人才，周鸿祎鼓励在公司内发掘和培养更多的创业者，给业务骨干们提供独立操盘一个业务的机会，最终成长为合伙人。

华为有自己的人才激励计划，任正非表示：华为将在 10 年内实现大体系支撑下的精兵战略，逐步实行资源管理权与作战指挥权的适当分离。这意味着，在华为企业内部，将有更多的指挥权交于奋斗在前线、一线的员工，让指挥更灵活机动，决策更通畅、更果敢。

一个英明果敢的领导者，在用人问题上丝毫不会有任何迟疑，建立最良好的升降制度，让有潜力、有态度、有能力的员工不断地上升，接触更多更高的职位；让态度消极、能力跟不上的员工给优秀的人才让位。

没能力的庸才最大的危害不是把事情搞砸，而是占着位置，优秀的人才没有施展的空间。常言道千里马常有，而伯乐不常有，人才被埋没的原因往往就是没有施展才华的平台。长此以往，你的团队会被越来越多的庸才占据，庸才做事缓慢，没有新思路，还不会把机会让给别人，手下的人才见此情景也大都会选择离开。

真正的领导者敢于用人，当你觉得一个年轻人有能力完成任务时，就大胆地让他去做，哪怕失败了也无所谓，你需要通过这样的举动来寻找自己需要的人才。

1994 年，张小龙研究生毕业后在一家软件公司工作。据周鸿祎回忆，1998 年左右张小龙就已是非常厉害的程序员，张小龙当时在编写免费共享邮件客户端软件 Foxmail，张小龙以一人之力开发出的软件，足可与一家公司相媲美。Foxmail 3 年之内积累了 200 万用户。

但张小龙不是一个喜欢创业的人，Foxmail 用户越来越多，张小龙一个人维护的任务越来越重。此时，刚出任金山软件 CEO 的雷军给张小龙发了一封邮件，谈论的是 Foxmail 的漏洞，随即提出收购 Foxmail，张小龙开价 15 万，想一卖了之去美国。可雷军当时因为其他事情，收购就没成。两年后，Foxmail 卖给了博大，价格是 1200 万。张小龙也成了博大的技术负责人。

2005 年，博大被腾讯收购，张小龙正式进入腾讯，开始了 QQ 邮箱生涯，张小龙将 QQ 邮箱打造成中国第一邮箱。2010 年，张小龙给马化腾发了一封邮件，里面表示即时语音通讯软件即将崛起，建议启动项目。马化腾给了张小龙一亿元研发资金，自己组建团队，告诉他一定要成功。就这样微信诞生了，张小龙被称为“微信之父”。

马化腾慧眼识珠，他知道张小龙很有才华，就敢于拿 10 亿元让张小龙试水，这样的魄力催生出国内首屈一指的产品经理张小龙，也催生出了第一大移动社交软件——微信。

能者上，庸者下，这样能建立起良好的晋升氛围，会有优秀的人才主动投奔而来，为的是能够更好地展示自己。及早地清理庸才，或者组织培训提高庸才的能力，一群庸才永远都不可能干成大事。我们看那些早已成名的企业家，手下的直系员工哪个不是精英，唯有这样的团队才有惊人的创造力。

8. 让最“贵”的员工滚蛋

21 世纪什么最贵？人才？不对，是庸才最贵。这是魔漫印象CEO、凯恩咨询创始人王挺的话，他说：“公司最贵的员工该滚蛋。”他认为这不是贵在价值，而是贵在成本。

王挺讲道：“我刚创立凯恩时，公司一度发展到了几十名员工，可经过不断的历练与考验，陆续有人离开，有一段时间公司一度只剩下了 5 名员工。可正是这仅存的 5 名员工，竟然创造出超过之前几十人的价值。公司滥竽充数的人太多，80% 的价值由 20% 的员工创造，对公司真正有价值的正是这样的一小部分人。”

试想一下：一个员工年薪十万，他每年能给公司创造一百万利润，他贵吗？一个员工年薪一万，他不能给公司创造利润，他便宜吗？

什么叫最贵的员工，不是工资拿得最多的员工，一个公司的员工创造价值达不到他应有的薪资待遇，他就成为最贵的员工，公司就损失人力成本，而一个员工创造价值远远超过他的薪资水平，这就是公司的最便宜的员工。

什么叫好员工？好员工不是听话的员工，不是不迟到早退的员工，不是吹牛拍马的员工，好员工是能为企业创造价值的员工，使公司的资产增长而不是负债。奇怪的是很多老板喜欢那些老实听话的员工，喜欢那些对薪水要求不高的员工。其实这些员工往往是最贵的，因为他们不但不能为公司创造价值，甚至连自己的薪水都挣不回来，你哪怕发他 1000 元一个月，你一年在他身上就亏了

12000元。

材料显示，苹果公司CEO蒂姆·库克2014财年薪酬总额为922万美元，其中包括工资174万美元，非股权激励薪酬670万美元。然而，蒂姆·库克并非苹果公司内年薪最高的人，有多名苹果高管的2014财年薪酬远超他，其中最高的是Angela Ahrendts，她于2014年5月进入苹果，成为负责Apple Store业务的高管，薪酬高达7340万美元，这还不包括她在前东家500万美元的现金和补贴。Angela Ahrendts在跳槽到苹果之前，担任高端奢侈品牌Burberry（巴宝莉）的CEO，年薪已经达3700万美元。

苹果给其丰厚的薪酬包括：41万美元工资、50万美元签约金、164万美元非股权激励薪酬，以及7000万美元股票。苹果愿意给出色的管理人才高薪，因为他们能够创造出几十倍高于年薪的价值，尤其在人才竞争的环境下，人才在自己公司下，总比在对手公司里好。

给予优秀员工高薪，让员工留在自己的手下，他们能够为领导者创造无限的价值。相反，对于毫无能力的庸才，或者创造不出丝毫价值的员工，就应该尽早让其离开团队。一个团队不能只有几个优秀的人才，其他人都是没能力的庸才，优秀的团队的组成必须全都是能力出众的人才。

2016年，李彦宏发表了一封内部公开信，上面写道要求百度所有员工都要改变，淘汰小资心态。李彦宏对小资心态的定义是有良好的背景和稳定的收入，对工作只当作人生的一部分，追求个人生活的舒适。李彦宏说："淘汰小资是呼唤狼性，呼唤狼性就是要胡萝卜加大棒。要让所有员工更明确如果想找一个稳定工作不求有功但求无过地混日子，请现在就离开，否则我们这一艘大船就要被拖垮。”

李彦宏的公开信表示他对于企业内部一些“温床”气氛的不满，很多员工在初期会很努力工作，随着工资地位的提高，逐渐变得懈怠，丝毫没什么紧迫感，演变成了“小资”。尽管能力上不能称为庸才，但是对于公司来说，发给他们的工资与他们创造的价值已经不能成正比，他们已经开始拖累公司了。

淘汰对公司毫无价值的员工，既表明了在公司内部不允许有毫无作为的表现，同时也让那些表现优异的员工得到心理平衡。当然，一个员工创造的价值并不能准确衡量，但是通过细心观察就会发现哪些员工是在真正努力工作，哪些员工是在偷懒混日子。公司里不怕能力强的员工拿很多的薪水，就怕大多数员工能力平平，丝毫不会进步。公司想进步，先得让员工们进步，清理掉一些碌碌无为的员工，增强团队危机感，帮助其他员工主动提高自己的水平。

9. 末位淘汰制，谁也别想偷懒

一个好的团队体系必须有科学的末位淘汰制度。一个员工表现不好时，直接把他辞退，总会引起不满，又显得公司不正规，人事决定过于随便。但是当你有了末位淘汰制度后，员工们就会明白自己若表现不好就会进入被淘汰的边缘，当真正辞退的时候也会有心理准备。

很多著名公司都推行末位淘汰制度，如华为。华为有末位5%

强制淘汰，尽管招致了一些非议，但这正是华为员工时刻保持奋进的原因所在。任正非说华为不会迁就任何人，在末位淘汰制下，连华为管理层也不能高枕无忧，任正非说：“我们建立了一个机制，就是说你跟不上了，身体不行了，职位调整下去了，你的股票不会动。”

一位已经离开华为的老员工对华为的末位淘汰制度保持肯定态度，他认为，裁掉的人一般有两种：一种是无法接受华为的企业文化，没法适应快节奏、高压力常加班；另一种是在华为待的时间长了，工作的能力和积极性下降，工作效率达不到要求。

海尔也有自己的末尾淘汰制度，海尔曾经有六位副总裁因为没有完成年初既定业绩目标而被免职。在海尔，排名在前 10% 的员工会被奖励、升职，排名在后 10% 的员工会被降级或免职，如果连续 3 次考核都排名在后 10%，那就要辞职或者转岗。

另外，海尔集团内部在用工制度上实行“三工转换”，优秀员工、合格员工、试用员工“三工并存，动态转换”。员工的工作表现被及时加以肯定，解决了员工在短时期内得不到升迁、积极性受到影响的问题。同时，也会将不符合条件的员工降到试用员工，退到单位内部劳务市场培训，内部待岗。

海尔让员工时刻在进行“赛马”，公平是赛马的原则，它不相信伯乐相马，而相信赛马，跑到前面就是成功。管理者的升职和降职是每年甚至每个月都要发生的事情，输了就要降，赢了就要升。

末位淘汰制的好处在于有一个规范的制度，所有的员工都一视同仁，让员工在同一个规则下，淘汰谁也不会招致过分的非议。同时还能让员工时刻保持危机感，避免在长时间的工作中丧失斗志。

尤其能够让员工之间有一个清晰的对比，每个月的评比，有人成绩好也有人成绩差，差的员工自然也就会更加努力。

通用电气公司前首席执行官韦尔奇指出：“我们把员工分成三类：前面最好的20%，中间业绩良好的70%和最后面的10%。”在通用公司里，最好的20%必须在精神和物质上受到爱惜、培养和奖赏，因为他们是创造奇迹的人。失去一个这样的人就要被看作是领导的失误，最好的20%和中间的70%并不是一成不变的。韦尔奇说：“依照我们的经验，最后的那10%往往不会有什么变化。一个把未来寄托在人才上的公司必须清除那最后的10%，而且每年都要清除这些人，只有如此，真正的精英才会产生，才会兴盛。”

这就是杰克·韦尔奇的“末位淘汰制”，也叫做“活力曲线”，杰克·韦尔奇把通用公司的员工分成三类：

A类员工：A类是激情满怀、勇于负责、思想开阔、富有远见的一批员工，他们不仅自身充满活力，而且有能力带动自己周围的人提高企业的生产效率。是否拥有这种激情，是A类员工与B类员工的最大区别。

B类员工：通用电气公司投入大量精力提高B类员工的水平，部门经理的主要工作之一就是帮助B类员工成为A类员工，而不仅仅要任劳任怨地实现自己的能量和价值。这就是绩效管理的魅力。

C类员工：C类员工是不能胜任自己工作的人，他们更多是打击别人，而不是激励，是使目标落空，而不是使目标实现，作为管理者，不能在C类员工身上浪费时间。

在末位淘汰的运作方式下，人人充满危机感，每个工作日、甚至每个工作时都是一种竞争和较量的过程，只有更为优秀的人才才能留在公司内部，留下的人也必须旺盛斗志，不断前进。

末位淘汰制提供了一种快刀斩乱麻的激励方式，对于清除企业内部臃肿的员工体系有很大帮助。不过末位淘汰制一定要建立在科学的制度下，要让所有员工都认同该制度，否则就会出现评判不规范等情况，让优秀员工的成绩变差。末位淘汰制很多公司在用，然而也有一些公司因为末位淘汰制搞得员工怨声载道，并不是适合每一家公司。